樹脂粘土クラフト
暮らしを彩る季節の花

川口紀子

NHKおしゃれ工房

はじめに

"暮らしを彩る季節の花"をテーマとして、このように愛らしくも美しい本に仕上がったことは、私にとってこの上ない喜びでございます。みなさんにご紹介したい四季折々の花はあまりにも多く、その中から20種ほどに絞るのは、とても困難な選択でした。

かねてより、私の本の読者の方々から「ぜひ、作ってみたい」とのご要望が多く寄せられていました「桜」、「藤」、「すかし百合」、「露草」をまず選びました。これらは、1枝だけでも十分華やかな花ばかりです。

また、まだ寒い季節に枯れ葉の中から咲く「節分草」や「ふきのとう」は、目立たない小さな花ですが、樹脂粘土で作ってみると、見違えるほどに美しい1鉢になります。お作りになるとはじめて、小さいながらもいかに装いを凝らしているかが、よくおわかりいただけることでしょう。

ホワイトスターのブーケは、どなたにも喜ばれる"私の贈り物の定番"です。ぜひ、お作りになってみてください。また、透明粘土のアクセサリー3種は、みなさまのお洋服をひときわ引き立ててくれるはずです。

どなたでも楽しくお作りいただけるよう、デザインや色彩に工夫を凝らして制作いたしました。みなさまがさらに工夫を加え、ご自分の手から美しい花々を咲かせてくださることを、私も心から楽しみにいたしております。

川口紀子

contents

	作品	作り方
Spring 春		
桜	4	36
ふきのとう	6	31
小輪パンジー	7	41
藤	8	44
アネモネ	10	72
すずらん	11	70
Summer 夏		
すかし百合	12	62
あざみ	14	56
露草	15	52
ほおずき	15	54
Autumn 秋		
秋の花を寄せて	16	
桔梗	18	60
すすき	18	68
萩	18	58
みせばや	19	69
Winter 冬		
水仙	20	65
シクラメン	22	50
節分草	23	66

ブーケ *Bouquet*

オールドローズのブーケ	24	47
ホワイトスターのブーケ	25	74

アクセサリー *Accessory*

アネモネのブローチ	26	75
カメリアのネックレス＆イヤリング	27	76
バラの花かごのブローチ＆イヤリング	27	78

材料と用具	28
樹脂粘土クラフトの基本テクニック	29

春 *Spring*

風が暖かくなるとともに、
色とりどりの花が、いっせいに咲き出して

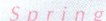

桜

日本の春に欠かせない桜の花。
薄ピンクのかわいい花が春の風を運んできます。
赤い葉でよりあでやかな印象に。
—— 作り方36ページ

ふきのとう

冷たくて硬い土の下から芽を出して、
白く小さな花を咲かせるふきのとう。
けなげさと力強さを感じます。
―― 作り方31ページ

小輪パンジー

小ぶりな花びらが可憐な小輪パンジー。
色とりどりに咲き乱れて、
心までうきうきしてきそう。
―― 作り方41ページ

藤

白に近い藤色と薄紫の
上品な色合いの花房が
花びんからあふれて。
部屋に明るい華やぎが生まれます。
―― 作り方44ページ

アネモネ

丸くたっぷり重なり合った花弁が
愛らしいアネモネ。
紫と白の花をぜいたくに生けてみました。
―― 作り方72ページ

すずらん

小さなコロンとした花が
清らかで可憐な印象。
春のやさしい風を感じて。
—— 作り方70ページ

夏 *Summer*

明るい日ざしを受けて輝く夏の花は、
力強さとけなげさを感じさせます

すかし百合（ゆり）

薄ピンクのさわやかな花は、
初夏の空気によく似合います。
花の奥のそばかすも愛らしく。
——作り方62ページ

あざみ

ツンツンした花びらやとげを持った葉。
野の花ならではの
力強さとやさしさを感じて。
―― 作り方56ページ

ほおずき

こどもの日を懐かしく思い出す、
赤いぷっくりとした実。白い花も可憐に。
―― 作り方54ページ

露草

朝露を受けて、道端にそっと咲く青い花。
昼すぎにはしぼんでしまうはかない花ですが、
手作りの花なら、長く楽しめます。
―― 作り方52ページ

秋 Autumn

やさしく上品な色合いの秋の花は、
しみじみとした風情にあふれています

秋の花を寄せて

菊、桔梗、撫子、萩、われもこう、
すすき、みせばや……。
やさしくつつましく咲く秋の花を
かごにたっぷり生けました。
菊、撫子、われもこうは参考作品

すすき

穂先の柔らかさを、ほどいた麻ひもをさして表現しました。
秋の風の揺らぎまで感じられそう。

———— 作り方68ページ

萩

万葉の昔から、和歌にも多く詠まれた花。
こぼれるように咲く白と赤紫の花が可憐な印象です。

———— 作り方58ページ

桔梗

丸くふくらんだつぼみから青紫のやさしげな花が開きます。
すっきりと伸びた茎の姿も美しく。

———— 作り方60ページ

みせばや

"きれいなので誰に見せようか"という
すてきな名前を持った山野草。
小さな赤い花も愛らしく。
── 作り方69ページ

冬 *Winter*

さえざえとした空気の中、そっと咲く花には、凛とした美しさがあります

水仙

すっとした姿の美しさと、
白い花の中心に映える
黄色のらっぱのかわいさ。
見るたびにハッとさせてくれる花です。
── 作り方65ページ

シクラメン

町にシクラメンの鉢が出回ると、
クリスマス気分が高まります。
フリルをたっぷり寄せて、ゴージャスに。
——— 作り方50ページ

節分草

節分のころ、ひっそりと咲く山野草。
林の中で、足元にこの小さな花を
見つけたときの喜びは、格別です。
—— 作り方66ページ

オールドローズのブーケ

ピンクと淡いクリームのグラデーションが美しい
オールドローズをたっぷり寄せて
やさしいラウンドブーケに。
——— 作り方47ページ

Bouquet
ブーケ

手作りの花をブーケに仕立てたら、こんなに愛らしくなりました
お部屋に飾っても、プレゼントにしても

ホワイトスターのブーケ
清楚で可憐なホワイトスターに
小輪パンジーのアクセントを加えて。
——作り方74ページ

Accessory
アクセサリー

透明粘土を使うと、よりエレガントな仕上がりに。
手作りの花のアクセサリーで、着こなしに差をつけましょう

アネモネのブローチ

乳白色の上品なアネモネが
やさしい印象のブローチ。
フォーマルな装いにも似合います。
―― 作り方75ページ

カメリアのネックレス＆イヤリング

白いカメリアの花に、
大粒のパールビーズをあしらって
大人っぽくエレガントに。
——— 作り方76ページ

バラの花かごの ブローチ＆イヤリング

ミニバラとねこじゃらしをかごに盛った
ブローチとそろいのイヤリング。
ねこじゃらしの茎はテグスなので
動きに合わせて、かわいく揺れます。
——— 作り方78ページ

材料と用具

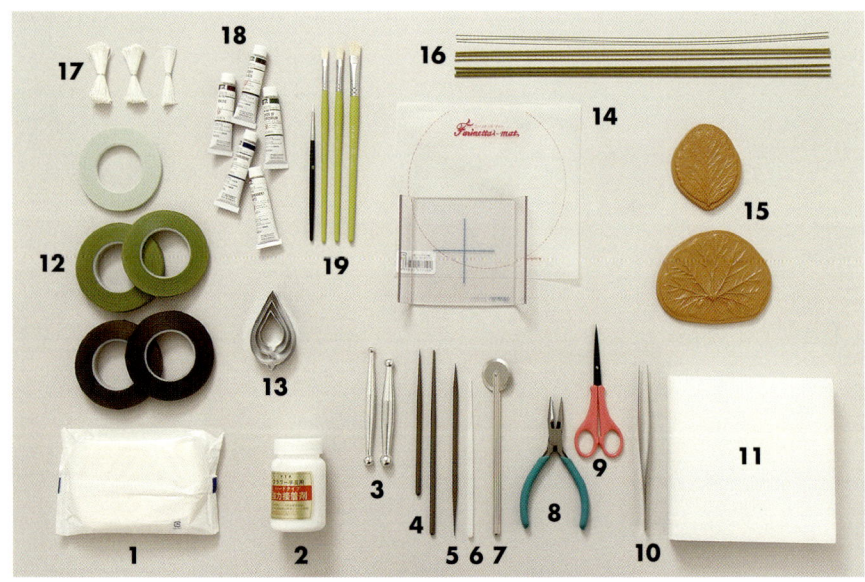

油絵の具の色名一覧

本書ではホルベイン社の油絵の具を使用しています。作り方の中ではわかりやすくするために、左側の色名で表記しています。

作り方の中の色名	絵の具の色
緑	サップグリーン
深緑	オキサイドオブクロミウム
若草色	パーマネントグリーンライト
グレー系緑	グリーングレー
青	ウルトラマリンライト
紫	モーブ
ピンク	ピンクマダー
ぼたん色	ピオニーレッド
朱色	ゼラニュームレーキ
黄色	パーマネントイエローライト
山吹色	パーマネントイエローディープ
茶	バーントシェンナ
こげ茶	バーントアンバー
白	パーマネントホワイト
黒	アイボリーブラック

1 樹脂粘土
白い粘土で、油絵の具を練り込んで必要な色にしてから使用します。薄く伸び、乾燥も早くてひび割れもしないので、花などの細かい作業に向いています。

透明樹脂粘土
乾くと透明になる粘土です。扱い方は樹脂粘土と同じで、油絵の具を練り込む場合は、少量入れるようにします。

2 フラワー用手芸ボンド
粘土どうしや造花用ワイヤーを接着するとき、ブローチ・イヤリングの金属の台に接着するときも使用します。

3 丸め棒
花びらに丸みやくぼみをつけるのに使用します。小、細があり、パーツの大きさによって使い分けます。

4 細工棒
花びらや葉を薄く伸ばしたり、フリルをつけるときに使用します。細と中があり、作品によって使い分けます。一般的には中を使用します。どの作品にも使用する大切な用具です。

5 角棒
薄く伸ばした粘土に筋をつけるときに使用します。

6 波棒
薄く伸ばしながら細かい筋をつけるときに使用します。使い方は細工棒と同じです。

7 カットローラー
筋をつけるときに使用します。力を入れて押しつけると、粘土が切れるので注意しましょう。

8 ペンチ
ワイヤーを曲げてフックを作ったり、カットするときに使用します。

9 はさみ
粘土に筋をつけたり、切り込みを入れるときに使います。

10 ピンセット
細かい作業をするときにあると便利です。

11 スタイロフォーム
花や葉の茎をさして乾かしたり、置いたりするのに使います。

12 造花用テープ
造花用ワイヤーに斜めに巻きつけて使用します。半幅と広幅があり、花や葉の茎や小さい花を組み立てるときは半幅、大きな花を組み立てるときは広幅を使います。藤の花のように、広幅を3等分にカットして使用する場合もあります。色もライトグリーン・ブラウン・ミントグリーンとあり、花の種類で使い分けます。

13 バラの葉の抜き型
バラの葉を作るときに使用します。薄くプレスした粘土に葉型のギザギザの方を押しつけて、抜き取ります。

14 ミニプレスとプレスマット
なみだ形やひも状の粘土をプレスマットの間にはさみ、上からミニプレスで押して必要な寸法に伸ばします。
＊プレスマットは筒状になっているので、一方の輪を切り開いてから使用します。また、マットの内側に薄くハンドクリームを塗ると粘土がマットにつかなくて作業がしやすくなります。

15 葉型(イチゴ・ゼラニューム)
葉の葉脈を写すときに使用します。シクラメンの葉はゼラニュームの葉型、そのほかの葉はイチゴの葉型を使います。

16 造花用ワイヤー
14～28番を使用しています。細いものは花や葉の茎、太いものは組み立てるときに使用します。ワイヤーは数字が小さい方が太くなります。

17 ペップ
花しんに使用します。オーロラペップ・バラペップ・極小ペップとあり、花の種類によって使い分けます。

18 油絵の具
粘土に色を練り込んだり、着色するのに使用します。乾くと色落ちしません。

19 絵筆
着色をするときに使います。細筆は葉の中央の葉脈、そのほかの着色は平筆を使います。

そのほかに、

シルバーグリッター アクセサリーにアクセントをつけます。

つまようじ・竹ぐし ボンドをつけたり、筋をつけるときに使用します。

ラップフィルム 粘土が乾燥しないようにくるんだり、油絵の具を出してパレット代わりにします。

ティッシュペーパー 花びらや葉をのせて乾燥する台を作ります。

アルミ箔 花を乾燥するときの受け皿に使用します。

かたくり粉 すかし百合の花粉を作るときに使用します。

ハンドクリーム プレスマットや手に塗って、粘土がつかないようにします。

麻ひも 短くカットして糸をほぐし、すすきの穂やシクラメンの花しんとして使用します。

型紙を写すもの 厚手トレーシングペーパーやクリアファイルなどを使用します。

作品を作る前に読みましょう　樹脂粘土クラフトの基本テクニック

＊作り方の中の数字の単位はcmです。
＊作り方の中に表記してある各パーツの寸法は、真上から見た寸法です。見る位置で寸法は変わるので注意しましょう。
＊各パーツの寸法は目安です。表記の寸法を参考にして作ってください。

樹脂粘土の扱い方

● 粘土は汚れを吸収しやすいので、使う前に手を洗いましょう。
● 粘土は乾燥すると、水分が抜けた分だけ一回り小さくなります。このことを考えて作品を作りましょう。
● 粘土は乾燥しやすいので、ラップフィルムにくるんで作業をしましょう。
● 粘土が残った場合は、ラップフィルムでくるんでからぬれた布でくるみ、ビニール袋に入れて保存しましょう。

樹脂粘土に色を練り込む

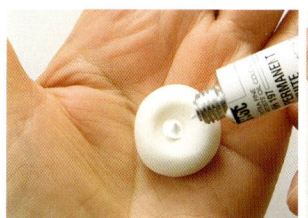 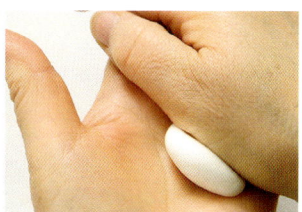

袋から出した粘土は手で練って軟らかくします。必要な大きさに丸めてから中央を指で押してくぼませます。ここに油絵の具をのせ、手につかないようにしながら周りの粘土でくるむようにして練り込みます。色が均等になるまで練り込みます。

＊粘土は乾燥すると水分が抜けた分だけ色が濃くなります。少しずつ絵の具を出して練り込み、薄いぐらいの色に仕上げましょう。

造花用ワイヤーに造花用テープを巻く

テープの端にワイヤーを斜めにのせ、テープを引っ張りながら、ワイヤーをしんにして斜めにぐるぐると巻き下ろします。最後はテープを手でちぎり取ります。

フックする

花しんや花にワイヤーをさすときに、抜けないように先端にフックしたワイヤーを使います。フックは、ペンチでワイヤーの先端をつまみ、0.5cmほど内側に曲げます。曲げた部分をペンチではさんで締めます。これを「フックする」といいます。

茎（枝）を太くする

花によって太い茎や枝が必要になります。ティッシュペーパーを4cm幅に裂き、縦に半分に折ってワイヤーの茎の上にぐるぐると斜めに巻き下ろします。さらに上にテープを巻き下ろしてティッシュペーパーを隠し、太くします。これを2～3回繰り返すと、さらに太い茎や枝が作れます。

茎をツルツルにする

造花用テープの上をペンチの背でこすって、テープの斜めの巻き目をなくして茎につやを出します。シクラメンやアネモネの茎はこの技法でツルツルにします。

粘土をなみだ形にする

ひとつの花や葉を仕上げるためには、各パーツの寸法を同じにする必要があります。最初に粘土を必要な寸法の玉にしてから、手のひらで転がしながら花や葉の形に合わせたなみだ形にします。

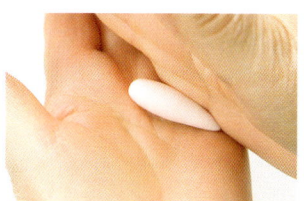

なみだ形は、しずくのような形、ころっとした形、両方とがった形、細いなみだ形といろいろな形があり、各花の作り方写真を参照して作りましょう。

なみだ形に切り込みを入れる

花やがくの枚数に、はさみで切り込みを入れます。切り込みの深さや切り込みを入れる本数、切り込みを入れる向きが太い方だったり、とがった方だったりと花によって違います。作り方ページを参考にして切り込みを入れましょう。

12本にカット　とがった方を半分に切り込みを入れ、その半分、さらに3等分と切り込みを入れて12本に分けます。

5つにカット　なみだ形の太い方の約3分の1の位置に切り込みを入れて、2つに分けます。次に3分の1の方を2等分に切り込み、残りの大きい方を3等分に切り込みを入れて、5つにします。

花びらの形に広げる

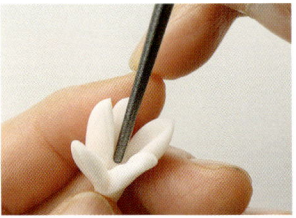 

1片のとがっているところに細工棒を押しつけてつぶします。5片とも同様にしたら、細工棒を左右に転がしながら粘土を薄く伸ばして花びらの形にします。さらに縁を薄く伸ばします。

プレスする

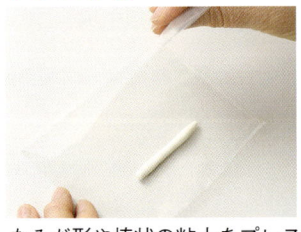 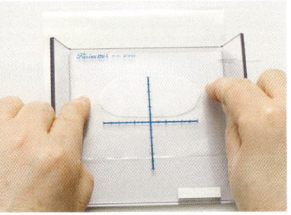

なみだ形や棒状の粘土をプレスマットの間にはさみ、上からプレス板で押して必要な寸法に薄く均等に伸ばします。

薄く伸ばしたい部分に、プレスマットの上から指で縁をこすってさらに薄く伸ばします。葉・花弁に使う技法です。

葉脈をつける

プレスして伸ばした葉を、イチゴやゼラニュームの葉型に指で押しつけて葉脈を写します。葉型がない場合は、葉脈がはっきりとした生の葉の裏も葉型として使えます。

フリルをつける

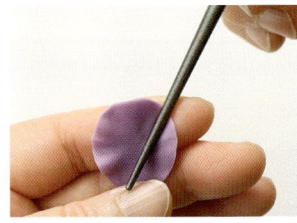

プレスして伸ばしたパーツを人さし指に当て、細工棒を転がしながら薄く伸ばし、フリルをつけます。花びらや葉に表情をつけるのに使います。

丸め棒で丸みをつける

花弁の中央や縁に丸め棒を転がして丸みをつけます。花弁などに表情をつけるときにあると便利です。

カットローラーで筋を入れる

葉の葉脈などに筋を入れるときに使用します。力を入れると、粘土が切れるので気をつけましょう。

葉に茎のワイヤーをつける

ワイヤーの3分の1ぐらいにボンドをつけ、中央の葉脈に沿って押し当てます。裏からワイヤーをつまんで接着します。

乾燥させる

ティッシュペーパーの台 ティッシュペーパーを4〜5cm幅に裂き、折りたたんでから少しねじって輪にします。花弁などをのせて乾燥させるのに便利です。

受け皿 アルミ箔の上にティッシュペーパーとラップフィルムを重ねて受け皿を作ります。茎のあるものは、中心にワイヤーを通して受け皿に花の根元が当たるようにします。ワイヤーを花びんなどにさして乾かします。花の形がくずれずに乾燥できます。

スタイロフォーム 小さな花やつぼみなどは、スタイロフォームにさして乾燥させます。このとき、花が広がらないように、茎のワイヤーを曲げて花を下に向けて乾かすようにします。葉などの大きなものは、スタイロフォームにティッシュペーパーをふんわりと敷き、葉の先がスタイロフォームの角にかかるようにしてのせます。葉に形がついて乾燥できます。

着色する

粘土が乾いたら油絵の具で着色をします。ラップフィルムの上に使用する絵の具を出し、この上で混ぜ合わせて使用する色を作ります。絵の具は地塗りをしてから、部分的に色を塗って表情をつけます。絵の具は濃く塗らないで、薄く伸ばすようにつけるのがポイントです。

Spring 作品6ページ

ふきのとう

● 材料（1鉢分）
樹脂粘土…花（直径2cm強玉）、つぼみ・葉（直径5cm強玉）
造花用ワイヤー…28番　12本（花・つぼみの茎）、
　　　　　　　　26番　5本（葉の茎）、
　　　　　　　　18番　1本（太い茎）
造花用テープ…ライトグリーン　半幅
油絵の具…白・緑・若草色

● 盆栽仕立て用の材料
好みの器　1鉢、油粘土　適量、スタイロフォーム　適量、
ドライモス　適量、20番ワイヤー　1本、枯れ葉　適宜

粘土の準備

花…2cm強玉の粘土に白を微量入れ、白を作る。
つぼみ・葉…5cm強玉の粘土に若草色と緑少々を混ぜ、若草色を作る。

1. 花を作る

1 28番ワイヤーを4分の1にカットし、先端をフックする（29ページ参照）。45本用意する。茎になる。

2 白の粘土を1cm玉に丸め、手のひらで転がしながら長さ5cmのひも状にする。

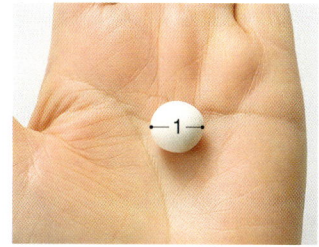

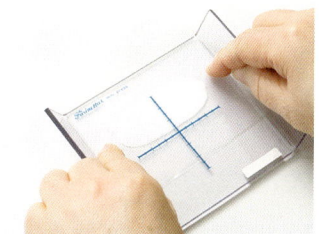

3 プレスマットの間にはさみ、上からプレス板で押して広げる。さらにプレス板の角でこするように引いて薄く伸ばし、3cm幅に仕上げる。

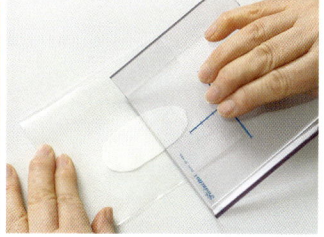

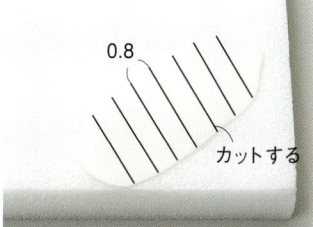

4 スタイロフォームの上に置いて、少し乾かす。0.8cm幅にカットする。両端は切り落とす。

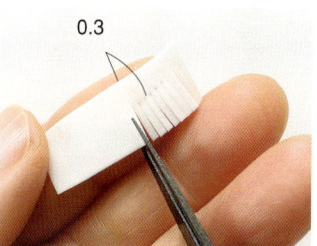

5 4の1枚に根元を0.3cm残して、端から0.1cm幅に切り込みを入れる。

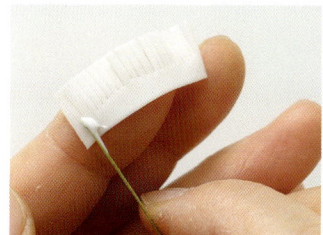

6 5の根元側を下にして持つ。1のワイヤーのフックにボンドをつけ、左端に当てて、ワイヤーをしんにしてぐるぐると巻く。

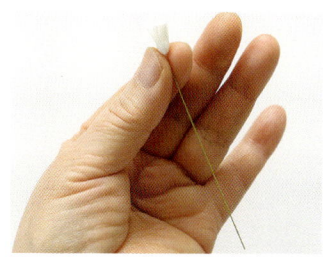

7 根元をつまんで絞り、ワイヤーになじませる。同じものを20本作り、スタイロフォームにさして、乾かす。

2. がくをつける

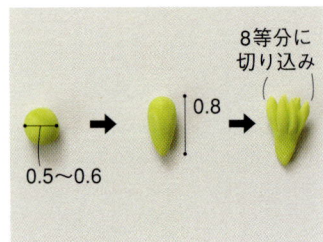  

1 若草色の粘土を0.5～0.6cm玉に丸め、手のひらで転がしながら長さ0.8cmのなみだ形にする。なみだ形の太い方に8等分に切り込みを入れる（下のつぼみを参照）。

2 8つに分けた1片ずつの中央（とがっている部分）に、細い細工棒か竹ぐしを押し当ててくぼませ、さらに竹ぐしを左右に転がして少し広げる。
＊ハンドクリームをつけて竹ぐしに粘土がつかないようにしておきます。

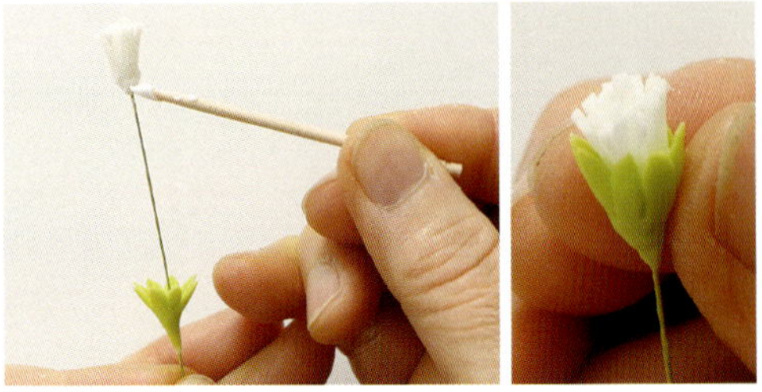

3 花のワイヤーをがくの上から中心に通す。花の根元にボンドをつけ、がくをかぶせて指で押さえてなじませる。20本の花全部にがくをつける。スタイロフォームにさして乾かす。

3. つぼみを作る

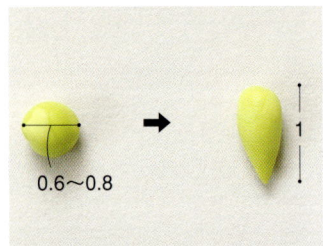   

1 若草色の粘土を0.6～0.8cm玉に丸め、手のひらで転がしながら長さ1cmのなみだ形にする。

2 なみだ形の太い方に切り込みを入れ2等分する。次に2等分の半分に切り込みを入れて4等分にし、さらに半分に分けて8等分にする。

3 茎のワイヤーのフックにボンドをつけ、つぼみの上から通す。下からワイヤーを引いてつぼみに接着する。つぼみの先を指でつまんで閉じる。同じものを25本作り、スタイロフォームにさして乾かす。

花・つぼみをスタイロフォームにさしてしっかりと乾かす。

4. 固いつぼみのしんを作る

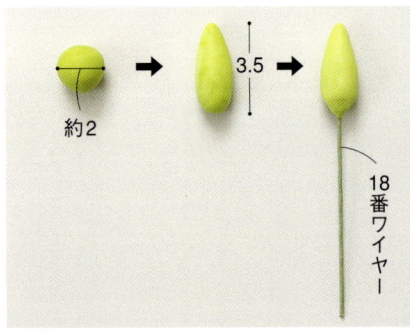

18番ワイヤーに半幅の造花用テープを巻き、4等分にカットする。先端にフックを作る。若草色の粘土を約2cm玉に丸め、手のひらで転がしながら、長さ3.5cmのなみだ形にする。ワイヤーのフックにボンドをつけ、なみだ形の根元に差し込み、根元の粘土をつまんで伸ばし、ワイヤーになじませる。スタイロフォームにさしてしっかりと乾かす。

5. 葉を作る　＊写真の中の寸法は小〜大の寸法です。小・中・大で計28枚作ります。

1 26番ワイヤーを6等分にカットし、28本用意する。先端にフックは作らない。

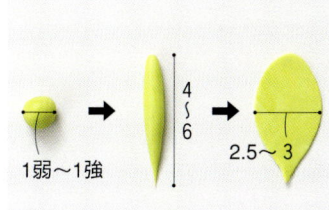

2 若草色の粘土を1cm弱〜1cm強玉にし、手のひらで転がしながら長さ4〜6cmのなみだ形にする。プレスして2.5〜3cm幅に伸ばし、プレスマットの上から縁の中央を下から上に向かって指で軽くこすって薄くする。次に中央から下も同様にして薄くする。

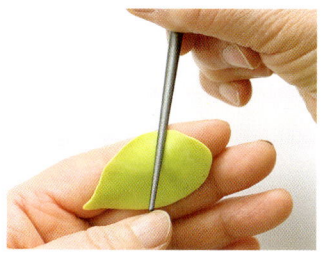

3 プレスマットから外し、人さし指と中指の上にのせる。縁に細工棒を転がすようにして当て、粘土を薄く伸ばしながらフリルをつける。

4 3を裏返すと指紋がついている。こちら側が葉の表側になる。根元を2つに折るように裏からつまむ。

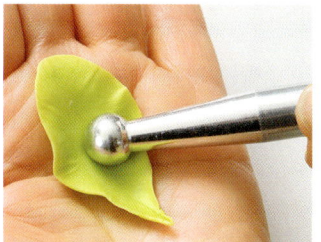

5 手のひらの上にのせ、つまんだところを中心にして、丸め棒を軽く転がしながら丸みをつける。

6 カットローラーで葉のつけ根から上に向かって筋を1本つける。さらに左右に3本ずつ筋を入れる。

7 1のワイヤーの先にボンドをつけ、中央の筋の3分の1の位置まで当て、裏からつまんでワイヤーを隠す。

8 小・中・大を混ぜて28枚作る。大の葉は、縁にフリルをたくさん入れて、動きを持たせる。ティッシュペーパーで台を作り、この上に葉を置いて乾燥させる。

6. 固いつぼみを仕上げる

1 葉の2〜3までと同様にして小の葉を2枚作る。裏返しをしないでそのまま裏から2つにつまみ、中央に丸め棒を転がして丸みをつける。

2 裏返して中央、左右3本ずつの筋をカットローラーでつける。もう1枚も同様にする。

3 葉が軟らかいうちに内側の周りにボンドをつける。

4 3の葉で固いつぼみのしんをくるみ、指で押さえてなじませる。

5 もう1枚の葉の内側にもボンドをつけ、**4**と向かい合わせにしてしんをくるむ。

6 中の葉の寸法で6枚作り、**1**～**2**の要領で仕上げて内側にボンドをつけておく。**5**の葉よりも少し下げて、しんをくるむように3枚の葉を接着する。

7 **6**の葉の間、間に3枚の葉を少し下げてしんをくるむように接着する。葉先を反らして形をつける。スタイロフォームにさして乾かす。

7. 着色する

1 ラップフィルムの上に写真の絵の具を少量出す。（若草色／緑／白）

2 花の部分に白を軽く塗る。

3 若草色に緑を少し混ぜて、がくに軽く地塗りをする。つぼみも同様に地塗りをする。

4 花とつぼみの根元に緑を軽く塗る。

5 葉の表側に絵の具を薄く伸ばすように地塗り（若草色に緑を少し混ぜる）をする。次に葉のつけ根から中央あたりまでに緑を軽く塗る。

6 葉の上半分の縁とつぼみの上部に白を軽く塗り、ハイライトをつける。

7 固いつぼみの葉の表側と裏側に地塗り（若草色に緑を少し混ぜる）をする。葉の奥に緑を塗り、葉の先には白を塗って、ハイライトをつける。

8. 組み立てる

＊作り方説明の中で造花用テープをテープと省略して説明しています。

1 18番ワイヤーに半幅のテープを巻き、4等分する。花3本を束ね、つけ根の0.5cm下から半幅のテープを巻き下ろす。18番ワイヤーをテープの巻き始め位置に添え、半幅テープを巻き下ろす。

2 花5本を1の周りに添え、1のテープの少し下から半幅のテープを巻き下ろす。

＊テープは同じところから巻き始めると、ゴロゴロするので位置をずらして巻くようにします。

3 形をつけながらさらに花5本を2の周りに添え、テープを巻き下ろす。外側に広げないようにしながら、同じ要領で花20本まで添える。

4 小の葉4枚を3の花の周りに少し広げた感じに添え、半幅のテープを巻き下ろす。

5 茎を少し下にずらして中の葉4枚を小の葉の間、間に添えて、半幅のテープを巻き下ろす。

6 5の葉の外側に大の葉4枚を添え、半幅のテープを巻き下ろす。もう1回テープを巻いて茎の太さを出し、均一に整える。

7 つぼみ15本と10本を花と同様にして組み立てる。

8 7のつぼみの周りにそれぞれ8枚の葉を、小の葉から順に添えて半幅のテープを巻き下ろす。最後に茎のテープを2度巻きして太さを整える。

9. 盆栽仕立てにする

1 好みの器を用意する。スタイロフォームを器の内側の形と半分の深さの厚さにカットする。器の中に入れ、2分の1にカットした20番ワイヤーをU字に曲げて中心に通し、そのまま器の穴に通して外側に折り曲げて抜けないようにする。

2 1の上に油粘土をすき間がないように敷き詰める。開花・つぼみ・固いつぼみの茎をカットして長さを調整し、好みの位置の油粘土にさして、形をつける。

3 油粘土のところどころにボンドをつけ、油粘土が見えないようにドライモスをのせて接着する。枯れ葉を好みの位置に数枚のせ、出来上がり。

Spring 作品4ページ

桜

●材料（1枝分）

樹脂粘土…開花・半開花・つぼみ（直径4.5cm玉）、
　葉・がく・苞（直径4.5cm玉）
造花用ワイヤー…24番　13本（花の茎）、
　26番　6本（葉の茎）、18番　1本（小枝）、
　14番　2本（枝）
造花用テープ…ライトグリーン　半幅（花・葉の茎）、
　ブラウン　広幅（芽・小枝・枝）
極小ペップ…3束（花しん）
油絵の具…ピンク・茶・黄色・若草色・紫・白
そのほかに、ティッシュペーパー

粘土の準備

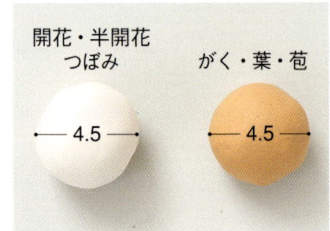

開花・半開花・つぼみ…4.5cm玉の粘土にピンクを微量入れて、白に近いピンクを作る。
がく・葉・苞…4.5cm玉の粘土に茶を入れて、茶を作る。

1. 花しんを作る

1 24番ワイヤーにライトグリーンのテープを巻き、4等分にカットする。先端に固いフックを作る。52本用意する。

2 極小ペップ（3束）の粒先に黄色の絵の具を塗り、乾かしておく。

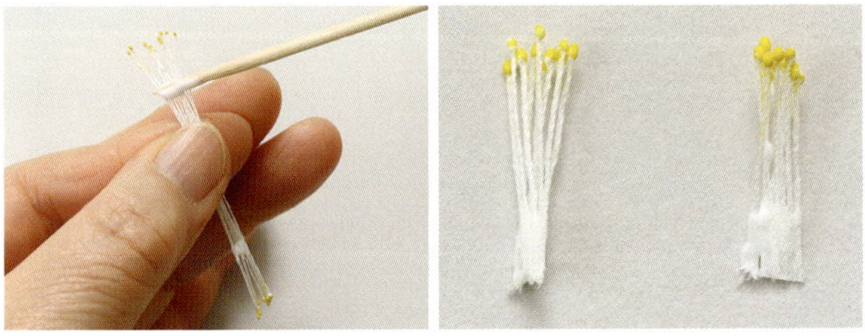

3 極小ペップを12本取り、上下の粒先から1cm下にボンドをつける。少し乾かしてから、ボンドの下をカットして2つに分ける。

4 1のワイヤーのフックにボンドをつけ、3のペップ2つでフックをはさむように接着する。

5 4の根元をライトグリーンのテープで1～2回巻いて止める。

6 ペップを外側に広げる。32本作る。

2. 開花・半開花・つぼみを作る

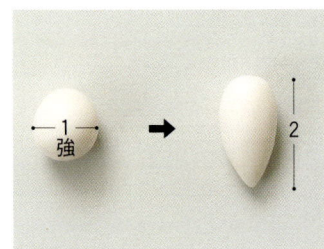

1 開花を作る。白に近いピンクの粘土を1cm強玉に丸め、手のひらで転がしながら長さ2cmのなみだ形にする。

2 太い方の3分の2ぐらいの位置に深く切り込みを入れ、2つに分ける。

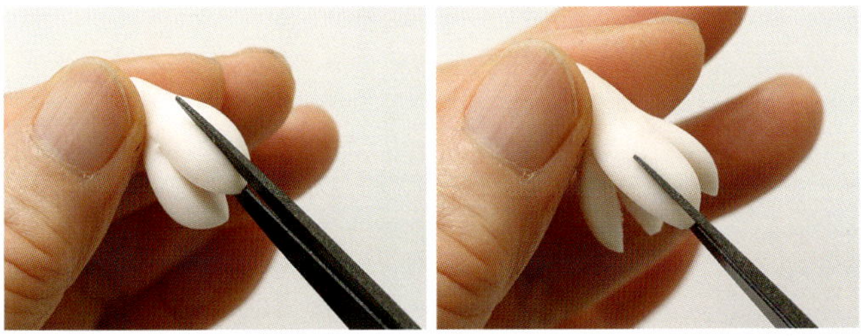

3 切り込みを入れた、大きい方を3等分に、小さい方を2等分に切り込みを入れて5等分にする。

4 5等分した1片ずつのとがっているところに細工棒を押し当ててつぶし、さらに細工棒を左右に転がして広げる。

5 花びらの先端をV字形に小さくカットする。さらにカットした部分に細工棒を転がして薄く広げる。

6 花びらの上部を残して下側に角棒を転がして筋をつける。

7 花びらと花びらの間に深く切り込みを入れ、花びらを離す。

8 花の中心に花しんのワイヤーを通し、根元にボンドをつける。ワイヤーを引いて、花の根元を接着する。

9 親指と人さし指を丸めて花の裏側に当て、花びらが内側に向くようにする。

10 ワイヤーを曲げて花を下に向け、スタイロフォームにさして乾かす。同様にして開花を26本作る。

11 花しんのついた半開花は開花よりも少し小さくして同様に作る。花びらを少し重ねた半開花と、多く重ねた半開花を各2本作り、乾かす。

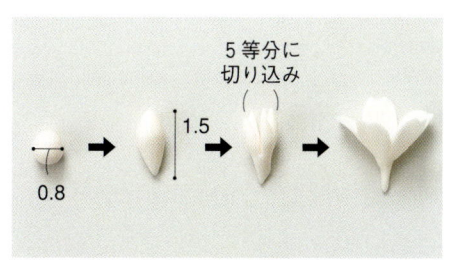

12 花しんのつかない半開花を作る。白に近いピンクの粘土0.8cm玉を、長さ1.5cmのなみだ形にする。開花の**4〜7**を参照して花びらを仕上げる。

13 花の中心が見えないように花びらを深く重ねて形づくる。ワイヤーのフックにボンドをつけ、根元に差し込み、粘土を指でつまんでワイヤーになじませる。8本作り、乾燥させる。

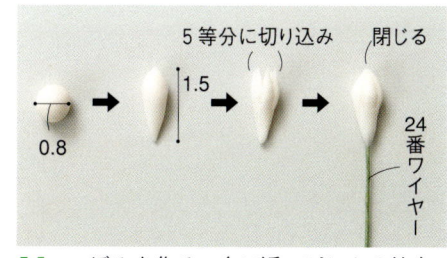

14 つぼみを作る。白に近いピンクの粘土0.8cm玉を、長さ1.5cmのなみだ形にする。太い方に5等分に切り込みを入れ、そのまま指でつまんで閉じる。ワイヤーのフックにボンドをつけ、根元に差し込む。12本作り、乾燥させる。

3. がくをつける

1 茶の粘土0.7cm玉を、両方とがったなみだ形にする。深く5等分に切り込みを入れ、細工棒で1片ずつ広げる。

2 開花のワイヤーをがくの中心に通す。開花の根元にボンドをつけ、がくを接着する。このとき、がくのとがっている先が花びらの間にくるようにする。

3 花落ちは花しんにがくを接着して作る（2本）。

つぼみ　半開花

4 半開花・つぼみも開花と同様にしてがくをつける。スタイロフォームにさして乾かす。

4. 葉を作る

1 26番ワイヤーにライトグリーンの半幅テープを巻いて4等分にカットする。21本用意する。

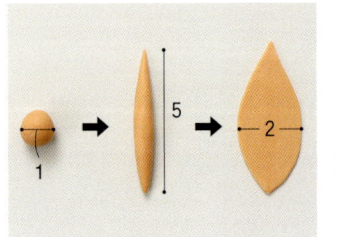

2 大の葉を作る。茶の粘土を1cm玉にし、手のひらで転がしながら長さ5cmのなみだ形にする。2cm幅にプレスして伸ばし、プレスマットの上から縁を指でこすって薄くする。

3 イチゴの葉型に当て、指で押して葉脈を写す。

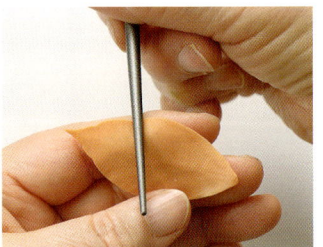

4 葉の葉脈側を人さし指側に向けてのせ、縁に細工棒を転がしてフリルをつける。

5 1のワイヤーの先にボンドをつけ、葉脈の中央に押し当てる。裏からワイヤーをつまんで接着する。7枚作り、乾かす。

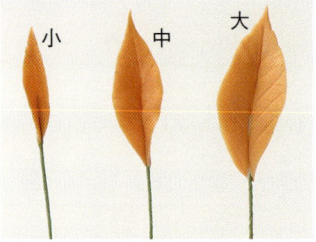

小　中　大

6 中・小の葉は大の寸法を小さくして各7枚ずつ作り、乾かす。

5. 着色する

ピンク　白　若草色　紫　茶

1 ラップフィルムの上に写真の絵の具を少し出す。

2 開花・半開花に着色する。白にピンクを混ぜて淡いピンクを作り、花びらに薄く伸ばすように地塗りをする。裏側は軽く塗る。

3 若草色で花の奥を軽く塗る。

4 花びら2〜3枚の上の縁にピンクを塗り、表情をつける。

5 花びらのところどころに紫を塗る。最後にペップの粒先に茶と紫を混ぜた色を部分的に塗る。花落ちもペップの粒先に同様に塗る。

6 つぼみは開花と同様に地塗りし、ピンクと紫を混ぜてつぼみの先にうっすらと塗る。

7 がくは紫と茶を混ぜた色を下から上に向かって塗る（開花・半開花・つぼみ・花落ちとも同様）。

8 葉の表側に茶を薄く伸ばすように地塗りし、裏側は軽く塗る。紫と茶を混ぜて、葉の半分から下側を軽く塗り、表情をつける。

6. 苞をつける

1 花のパーツを作る。開花4本、半開花2本、つぼみ2本の高さをそろえて束ね、がくのつけ根から4cmのところで半幅テープ（ライトグリーン）で一巻きして止め、下まで巻き下ろす。

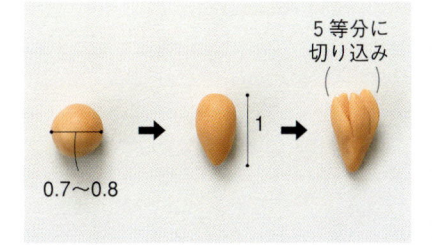

2 苞を作る。茶の粘土0.7～0.8cm玉を長さ1cmのころっとしたなみだ形にし、太い方に5等分に切り込みを入れる。

3 細工棒で1片ずつ広げ、中心に穴をあける。

4 1の茎を苞に通し、テープの巻き始め位置にボンドをつけて接着する。

5 残りの開花・半開花・つぼみ・花落ちを6～9本1束にして束ね、6つのパーツにまとめる。苞が乾燥したら、がくと同様に着色する。

6 葉は3枚葉にまとめる。大の葉を中央にして、つけ根から2～3cmぐらい下に中・小の葉を左右に配して半幅テープで巻き下ろす。7組作り、苞をつけて着色する。

7. 芽と小枝を作る

1 芽を作る。ブラウンの広幅テープを8cmにカットし、テープを引っ張って伸ばす。2つに折り、端を斜めにして内側に折る。

2 折ったところを軸にしてぐるぐると巻き、下端は絞る。これを8本作る。

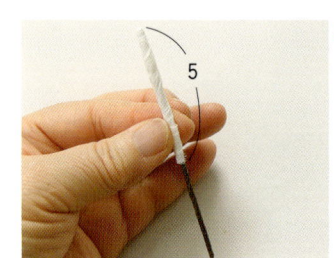

3 小枝を作る。18番ワイヤーにブラウンの広幅テープを巻き、4等分にする。ティッシュペーパーを4cm幅に裂き、3つ折りしてからワイヤーにぐるぐると巻きつける。

4 広幅テープの中央に**3**の先端を当ててから、下まで巻き下ろす。もう一度テープを巻く。これを3本作る。

8. 組み立てる

＊茎はブラウンの幅広テープを使用する。
＊桜の茎はごつごつとした感じに仕上げるので、枝の細いところはティッシュペーパーやテープを数回巻いて太くする。
＊花・葉のパーツ、小枝・芽をつける順序は好みで自由。

1 大きい枝を作る。14番ワイヤーにテープを巻き下ろし、花のパーツ1束の苞の下に添え、テープを5cmほど巻き下ろし、テープをカットする。

2 **1**の花の苞から5cm下に葉のパーツを当て、テープを5cmほど巻き下ろし、カットする。次に花のパーツを2束、葉のパーツ1束を添える。

3 **2**の葉のパーツの5cm下に花のパーツを添えてテープを巻き下ろし、芽・小枝・葉のパーツを形を見ながらテープで巻き止める。枝を指で押して曲げ、ポーズをつける。大きい枝の出来上がり。

4 わき枝を作る。14番ワイヤーにテープを巻き下ろし、先端5cmはもう2回巻いて太くする。少し枝を出して葉のパーツを添え、テープを巻いて止める。芽2本を少しずらして向かい合わせにして当て、テープで止め、5cm下に花のパーツ、小枝を添える。

5 続けて葉・花・葉・花・葉のパーツ、小枝を当て、形を見ながらテープで止めていく。芽は好きなところにつける。また、茎の細いところはティッシュペーパーを巻いて太くする。

6 花がずれるように2本の枝を合わせ、テープをきつく2度巻きして止める。出来上がり。

Spring 作品7ページ

小輪パンジー

●材料（5株分）

樹脂粘土…つぼみ・内花弁（直径2.5cm玉）、つぼみ・外花弁（直径2.5cm玉）、がく・葉（直径4cm強玉）

造花用ワイヤー…26番　5本（小さい葉の茎）、24番　10本（中・大の葉の茎）、22番　2本（半開花の茎）、20番　3本（開花の茎）

造花用テープ…ライトグリーン　半幅

油絵の具…緑・深緑・若草色・青・紫・朱色・黄色・山吹色・白

粘土の準備

つぼみ 内花弁　2.5
つぼみ 外花弁　2.5
がく・葉　4強

つぼみ・内花弁…2.5cm玉の粘土に黄色を微量入れて、白に近いクリーム色を作る。
つぼみ・外花弁…2.5cm玉の粘土に紫と青を微量入れて、青みがかった紫を作る。
がく・葉…4cm強玉の粘土に緑と深緑を少量入れて、緑を作る。

1. 内花弁を作る
＊作り方は1株分で説明しています。

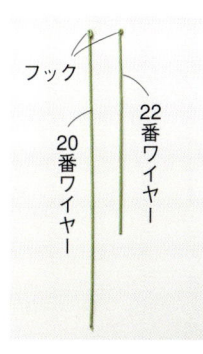

1 1株分の茎のワイヤーを準備する。開花は、20番ワイヤーに半幅テープを巻き、2等分にカットし、先端をフックする。1本用意する。つぼみは、22番ワイヤーに半幅テープを巻き、3等分にカットし、先端をフックする。1本用意する。

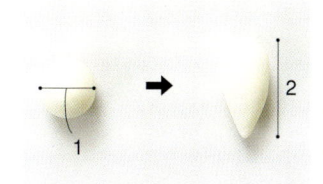

2 白に近いクリーム色の粘土1cm玉を、長さ2cmのなみだ形にする。

3 なみだ形の太い方を少しずらして2つに深く切り込みを入れ、次に小さい方に2つに切り込みを入れる。

4 細工棒を転がし、フリルをつけながら縁を薄く伸ばす。

5 花びらと花びらの間を深くカットして離す。

6 大きい花弁を小さい2枚の花弁の上にのせ、さらに2枚の小さい花弁どうしを少し重ね合わせる。

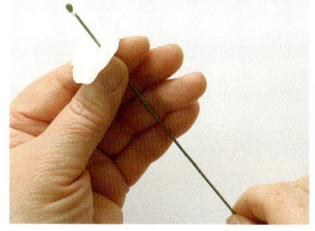

7 1の20番ワイヤーを中心に通し、フックの下にボンドをつけて接着する。このとき、ワイヤーの頭が少し見えるぐらいまでワイヤーをぐっと引く。このフックが花しんになる。花の中心に筋を寄せるような感じに、はさみの刃を押しつけて筋をつける。乾燥させる。

2. 外花弁を作り、つける

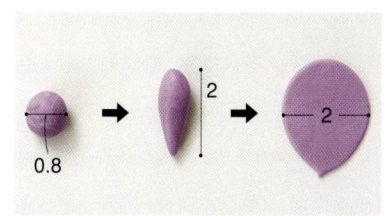

1 青みがかった紫の粘土を0.8cm玉にし、長さ2cmのなみだ形にする。プレスして2cm幅に伸ばし、縁を指でこすって薄くする。

2 花弁の下側を残して、細工棒で周りにフリルをつける。指紋がついている方が、花びらの表側になる。2枚作る。

3　2の花弁の下側にボンドをつけ、内花弁の裏に接着する。2枚の花弁は中央で重なるようにしてつけ、広がらないようにする。開花になる。乾かしておく。

(裏)

3. つぼみを作る

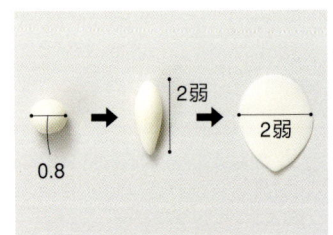

1　白に近いクリーム色の粘土を0.8cm玉にし、長さ2cm弱のなみだ形にする。プレスして2cm弱幅に伸ばし、下側を残して縁を指でこすって薄くする。

2　広い方を下にして、すそ広がりにぐるぐると巻く。22番ワイヤーのフックにボンドをつけ、広い方から差し込んで根元を指でつまんで閉じる。つぼみのしんになる。

3　青みがかった紫の粘土で外花弁を1と同寸法に作り、周りにフリルをつける。

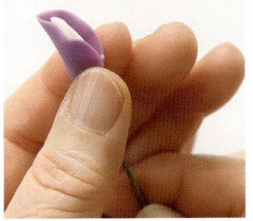

4　3の内側にボンドをつけ、2のしんにかぶせて前で突き合わせにする。スタイロフォームにさして乾かす。

4. がくをつける

1　緑の粘土を0.8cm玉にし、両方とがった長さ2cmのなみだ形にする。上側は半分ぐらいの深さで、下側は浅く、それぞれ5等分に切り込みを入れる。

2　上下とも細工棒で1片ずつ広げる。

3　開花の根元にボンドをつけ、がくにワイヤーを通して根元に接着する。下側の切り込みのつけ根位置を、細工棒で押してくびれをつける。つぼみも同様にする。

5. 葉を作る

＊1株分の茎のワイヤーの準備をする。小の葉は、26番ワイヤーに半幅テープを巻き、4等分にカットしたものを4本、中・大の葉は、24番ワイヤーに半幅テープを巻き、3等分にカットしたものを、合わせて5本用意する。

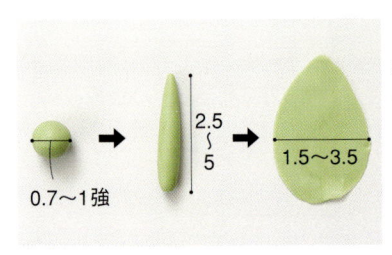

1　緑の粘土を0.7〜1cm強玉にし、2.5〜5cmの長いなみだ形にする。プレスして1.5〜3.5cm幅に伸ばし、縁を指でこすって薄くする。
＊小〜大の寸法を表示してあるので、中の葉はその間の寸法で作る。

2　1をイチゴの葉型に当て、指で押して葉脈を写す。

3 葉のつけ根をV字形にカットする。

4 裏に返し、周りに細工棒を転がしてフリルをつける。葉の周りに竹ぐしを0.5～0.6cm間隔にくい込ませるように押しつけ、波形にする。

5 茎のワイヤーの先にボンドをつけ、葉の中央の3分の1ぐらいの位置に押し当てる。裏からワイヤーをつまんで接着する。小・中・大の9枚の葉を同様にして作り、スタイロフォームにのせて乾燥させる。

6. 着色する

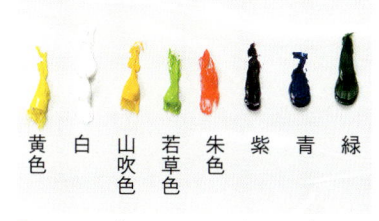

黄色　白　山吹色　若草色　朱色　紫　青　緑

1 ラップフィルムの上に写真の絵の具を少し出す。

2 白＋黄色で白に近い黄色を作り、内花弁に薄く伸ばすようにつけて地塗りをする。外花弁は紫で表・裏側とも地塗りをする。黄色＋山吹色で内花弁の中を塗り、表情をつける。

3 朱色＋山吹色でオレンジ色を作り、内花弁の真ん中あたりを塗る。紫＋青で内側から外側に向かって放射状に線を描く（細筆使用）。上の花弁に3本ずつ、下の花弁に7本入れる。

4 花しんに若草色を塗り、すぐ下に黄色、すぐ上に白を塗る。青＋紫で外花弁の縁を塗り、内花弁の下側は三角の形に塗る。白を外花弁の縁にかけてハイライトをつける。

5 つぼみは紫で地塗りをし、花の奥に青＋紫を塗る。花びらの縁に白でハイライトをつける。

6 がくは緑＋若草色で地塗りをし、がくの上下に白を塗る。ペンチでがくの根元を曲げ、花を前に向かせる。つぼみも同様。

7 葉は緑＋若草色で地塗りをし、裏は軽く塗る。緑で葉の真ん中を濃く塗る。中心の葉脈に沿って白線を先細りになるように1本引く。

7. 組み立てる

1 開花のがくの根元から8cm下につぼみを当て、合わせ目に半幅テープを2～3回巻いて止める。

2 小の葉4枚の茎を4cm見せて、**1**の合わせ目にぐるりと当て、半幅テープで巻き下ろす。この外側に大・中の葉の茎を5cm見せてぐるりと当て、半幅テープで巻き下ろす。もう一度巻いて茎をしっかりとさせる。1株分の出来上がり。

各パーツは同様にして作り、葉の大きさに変化をつけてまとめた、もう1株の出来上がり。残りの3株も同様にして作る。

Spring 藤

作品8ページ

●**材料**（2房分）
樹脂粘土…花しん（直径5cm玉）、内花弁（直径5cm玉）、
　つぼみ・外花弁（直径7cm玉）、がく・葉（直径4cm玉）
造花用ワイヤー…26番　21本（つぼみ・葉の茎）、
　24番　13本（花しんの茎）、
　20番　2本（花の組み立て用）、
　18番　4本（葉の組み立て用）、
　14番　2本（枝）
造花用テープ…ライトグリーン　半幅・広幅、
　ブラウン　広幅
油絵の具…緑・若草色・紫・青・
　黄色・山吹色・茶・白

粘土の準備

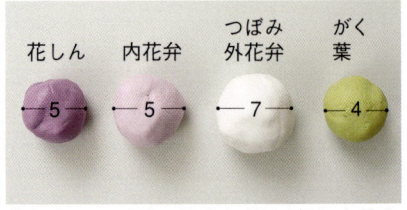

花しん	内花弁	つぼみ 外花弁	がく 葉
5	5	7	4

花しん…5cm玉の粘土に紫と青を少量入れて、藤色を作る。
内花弁…5cm玉の粘土に紫と青をさらに少なめに入れて、淡い藤色を作る。
つぼみ・外花弁…7cm玉の粘土に紫と青を微量入れて、白に近い藤色を作る。
がく・葉…4cm玉の粘土に緑と茶を少し入れて、くすんだ緑を作る。

1. 花しん・固いつぼみ・つぼみを作る

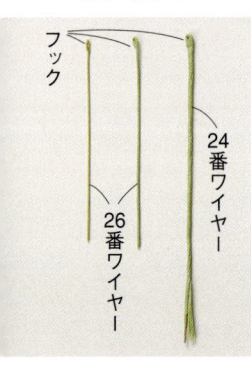

1 ワイヤーの準備をする。固いつぼみ用は、26番を6等分にカットして先端をフックしたものを40本。つぼみ用は、26番を3分の1幅のテープで巻き下ろし、6等分にカット。先端をフックして30本用意。花しん用は、24番を3分の1幅のテープで巻き下ろし、4等分にカット。先端をフックしたものを50本用意する。

2 花しんを作る。藤色の粘土を1cm玉にし、手のひらで転がしながら長さ2cmのなみだ形にする。

3 上部を指で押しながらつぶし、後ろ側をつまんでつのを出すようにとがらせる。さらに前をつまんでつぶし、薄くする。

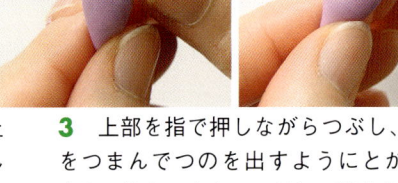

4 24番ワイヤーのフックにボンドをつけ、**3**の根元に差し込む。根元の粘土をつまんでワイヤーになじませる。**2**の寸法より小さいものも作り、大小混ぜて50本作る。スタイロフォームにさして乾かす。

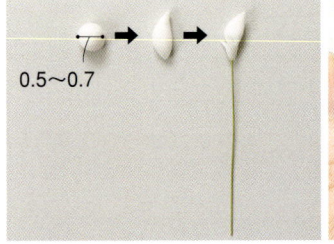

5 固いつぼみを作る。白に近い藤色の粘土0.5～0.7cm玉を、長さ1～1.5cmのなみだ形にする。左側を反らせ、先端をとがらせる。テープを巻いていない26番ワイヤーを根元に通す。根元側の前と両脇にひとつずつ、V字の切り込みを入れ、がくにする。大小混ぜて40本作る。

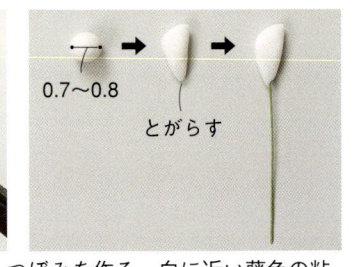

6 つぼみを作る。白に近い藤色の粘土を長さ1～2cmのなみだ形にする。上部はつまんで平らにし、根元側はとがらせる。26番ワイヤーのフックにボンドをつけ、根元に差し込んで接着する。大小混ぜて30本作る。

2. 内花弁を作る

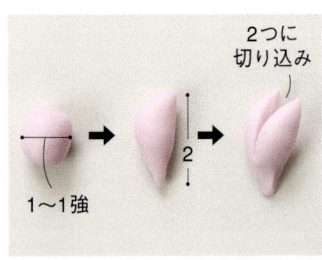

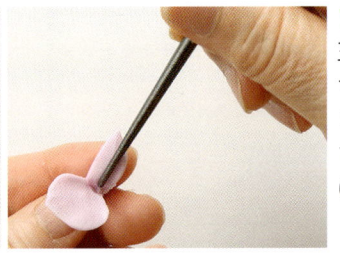

1 淡い藤色の粘土を1～1cm強玉にし、長さ2cmのなみだ形にする。上部をつまんでつのを出し、2つに深く切り込みを入れて細工棒で広げる。根元はさらに広くする。

2 丸め棒を転がして、内側に丸みをつける。

3 花しんの根元にボンドをつけ、2つに開いた間にくい込ませる。内花弁の根元をつまんで接着する。50本作る。

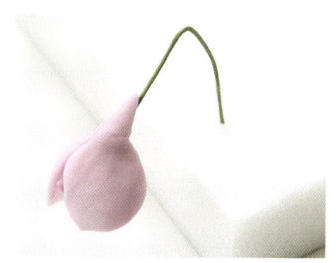

4 スタイロフォームにさし、ワイヤーを曲げて花を下に向けて乾燥させる。

3. 外花弁を作る

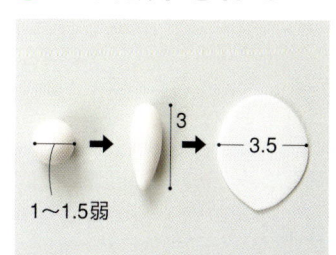

1 白に近い藤色の粘土を1〜1.5cm弱玉にし、長さ3cmのなみだ形にする。プレスして3.5cm幅に伸ばし、縁を指でこすって薄くする。

2 周りに細工棒を転がして、大きいフリルをつける。裏に返し、真ん中にはさみの刃を押しつけて筋をつける。

3 2つに折って裏からつまんで、形をつける。

4 3の根元にボンドをつけ、内花弁の根元をくるむようにして接着する。外花弁の形に変化をつけながら、50本作る。乾燥させる。

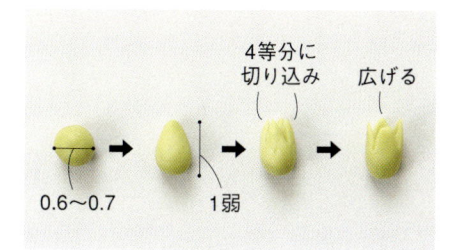

4. がくをつける

1 くすんだ緑の粘土を0.6〜0.7cm玉にし、下がふっくらしたなみだ形にする。とがっている方を4等分に切り込みを入れ、細工棒で1片ずつ広げる。

2 花弁とつぼみをがくに通し、根元にボンドをつけて接着する。乾かす。

5. 葉を作る

26番ワイヤーに半幅テープを巻き、6等分にカットする。52本用意する。くすんだ緑の粘土を1.5cm玉にし、両方とがったなみだ形にする。3cm幅にプレスし、縁を指でこすって薄くする。イチゴの葉型に当てて葉脈を写し、中央にワイヤーを接着する。

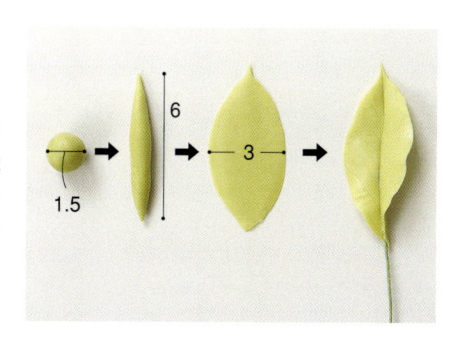

6. 着色する　*ラップフィルムの上に使用する絵の具を少し出す。

1 紫＋青＋白で淡い藤色を作り、外花弁・つぼみ・固いつぼみに地塗りをする。次に紫＋青少々で紫を作り、内花弁と花しんに地塗りをする。紫＋青を多くして混ぜ、花しんと内花弁に軽く塗って表情をつける。

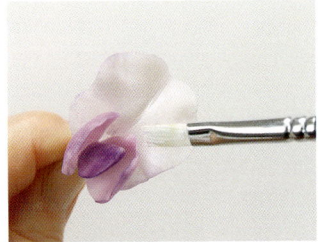

2 1の筆でそのまま、外花弁の縁に色をつける。次に白で外花弁の中央の奥を塗る。

3 2で塗った白の上に黄色を軽く塗り、さらに山吹色を上に少し塗る。

4 固いつぼみとつぼみは、外花弁と同じ淡い藤色で地塗りをし、外花弁の縁と同じ色を縁に軽くつける。

5 若草色＋茶少々でがくを地塗りする。根元に薄く茶を塗る。固いつぼみ・つぼみも同様。

6 葉は、若草色＋茶で地塗りする。裏は軽く塗る。真ん中に緑を軽く塗り、茶を縁に軽く塗る。52枚とも同様に着色する。

7. 組み立てる

1 18番ワイヤーに半幅テープを固く巻き下ろし、2等分にカットする。葉1枚の根元にワイヤーを添え、下まで巻き下ろす。葉の根元から1.5cm下に葉を1枚添え、半幅テープで2〜3回巻いて止める。向かい合わせにして葉を1枚添え、4cm巻いて止める。葉のつけ根から2.5cm下に葉を1枚添え、テープで止め、向かい合わせて1枚添える。この繰り返しで13枚の葉を組み合わせる。同じものをもう1枝作る。

2 14番ワイヤーにブラウンの広幅テープを巻き下ろす。ワイヤーの先5cmほどにブラウンのテープを3〜4回巻いて太くする。

3 2の枝の5cm下に葉を1枝添え、ブラウンの広幅テープを5cmほど巻き下ろす。2度巻きして枝を太くする。

4 3の葉の5〜6cm下に葉をもう1枝添え、ブラウンの広幅テープを巻き下ろす。

5 20番ワイヤーに固いつぼみ、つぼみ、開花の順に形を見ながららせん状に止めつける（作った個数の約半数をつける。ライトグリーンの半幅テープ使用）。重くなるので、18番ワイヤーを添えて止めつける。

6 4の枝に5の花のワイヤーを合わせ、ブラウンの広幅テープで数回巻いて止める。出来上がり。同様にしてもう1房作る。

Bouquet 作品24ページ

オールドローズのブーケ

●**材料**（開花1本分）

樹脂粘土…花しん・花びら（直径4cm強玉）、
　がく・葉（直径3cm強玉）
造花用ワイヤー…24番　1本（小の葉の茎）、
　22番　1本（大の葉の茎）、
　16番　1本（花の茎）
造花用テープ…ライトグリーン　半幅・広幅
油絵の具…緑・深緑・グレー系緑・紫・
　黄色・ピンク・白

粘土の準備

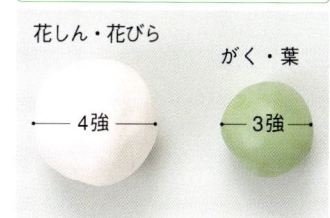

花しん・花びら…4cm強の粘土にピンクを少し入れて、淡いピンクを作る。

がく・葉…3cm強の粘土に緑と深緑を入れて、緑を作る。

1. 花しんを作る

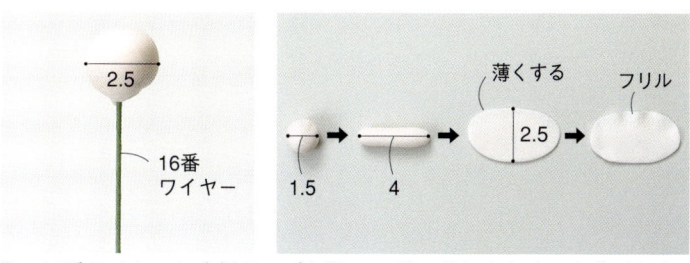

1 16番ワイヤーに広幅テープを巻き下ろし、2等分にカットする。1本だけ先端をフックする。淡いピンクの粘土を2.5cm玉に丸め、ワイヤーのフックにボンドをつけて差し込み、接着する。根元の粘土をつまんでワイヤーになじませる。乾かしておく。

2 花しんをくるむ花びらを作る。淡いピンクの粘土を1.5cm玉にし、長さ4cmの棒状にする。プレスして2.5cm幅に伸ばし、上側の縁を指でこすって薄くする。さらに細工棒を転がしてフリルをつける。

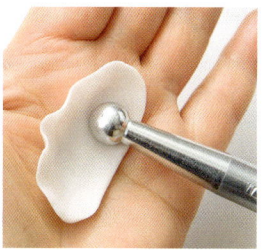

3 手のひらにのせ、丸め棒を全体に転がして丸みをつける。

4 上部を残して内側にボンドをつけ、**1**のしんを下側に当てる。花びらの左側をしん側に折り、すそ広がりになるように右側を折って接着する。花しんをくるんだところ。

2. 花びらを作る

＊花びらは1段目〜4段目まで各3枚ずつ作る。寸法が違うだけで、作り方は同じ。

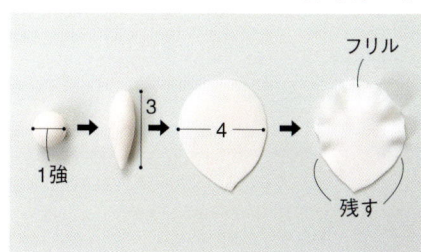

1 1段目の花びらを作る。淡いピンクの粘土を1cm強玉にし、長さ3cmのなみだ形にする。プレスして4cm幅に伸ばし、上側の縁を指でこすって薄くする。下側を残して、縁に細工棒を転がし、大きくフリルをつける。

2 裏側を出し（指紋がついている方が表側になる）、半分以上を裏からつまんで2つに折る。

3 手のひらにのせ、つまんだところを指で押してつぶす。

4 丸め棒を全体に転がして花びらを丸める。特に上部を丸め、横から見たときに半円になるように仕上げる。

5 後ろから中央の縁をつまんでとがらす。

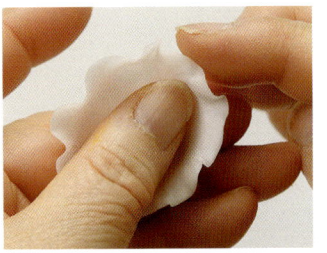

6 上部の縁を少し外側に反らす。同じものを3枚作る。

1段目　2段目　3段目　4段目

7 ティッシュペーパーの台の上にのせて、半乾きになるまでおく。2段目〜4段目の花びらも同様にして3枚ずつ作る。
2段目＝1.5cm玉を長さ3.5cmのなみだ形にし、4.5cm幅にプレス。
3段目＝1.8cm玉を長さ4cmのなみだ形にし、5cm幅にプレス。
4段目＝2cm玉を長さ4cmのなみだ形にし、5.5cm幅にプレス。

3. 花を組み立てる

1 12枚の花びらの下半分の縁にボンドをつける。1段目の花びら3枚を少しずつ重ねながら、花しんの周りに空洞ができるように接着する。コロンとした感じに仕上げるのがポイント。

2 2段目の花びら3枚は少し下げて、1段目の花びらの間、間に接着し、丸く仕上げる。

3 3段目・4段目の花びらも少しずつ下げながら、前の花びらの間、間に接着して丸く仕上げる。受け皿（30ページ参照）にさして、乾かす。

4. がくをつける

＊花が乾いたら、茎のワイヤーに広幅テープを2度巻きして太くする。ペンチの背で茎をこすってツルツルにする。

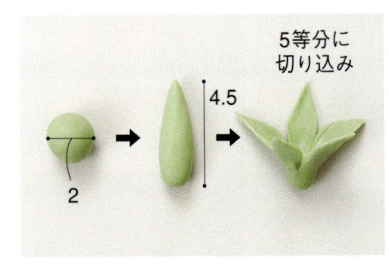

5等分に切り込み
4.5
2

1 緑の粘土を2cm玉にし、長さ4.5cmのなみだ形にする。とがっている方に5等分に切り込みを入れる。細工棒で下の方を広幅にして、1片ずつ広げる。

2 広げた1片ずつの根元に丸め棒を当て、丸みをつける。このとき、根元を広げないように気をつける。

3 縁に2か所ずつ切り込みを入れる。5片全部に入れる。中心に細工棒を転がしながら通して穴をあける。

4 がくの中心に茎を通す。花の根元にボンドをつけてがくを接着し、がくの5片を花に添わせるようにする。5片のつけ根に細工棒を1片ずつ押し当てて、くびれをつける。乾燥させる。

5. 葉を作る

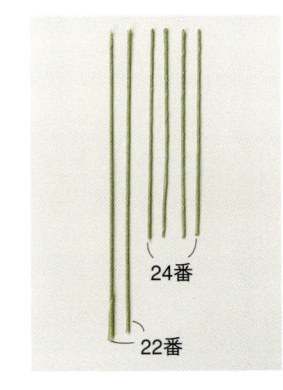

24番
22番

1 22番・24番ワイヤーとも、半幅テープを巻き下ろす。22番は3等分にカットし、大の葉に2本、24番は4等分にカットし、小の葉に4本使用する。

2 葉の抜き型を横に引っ張って丸くする。

3 緑の粘土を2cm玉にし、長さ5cmのなみだ形にする。葉の抜き型より大きめにプレスして伸ばす。葉の抜き型で押して、周りの粘土を取り除く。

4 もう一度プレスして大きくする。縁を指でこすって薄くする。

5 イチゴの葉型に押しつけて、葉脈を写す。

6 裏側を出し、周りに細工棒を転がして軽くフリルをつける。

7 22番ワイヤーの先にボンドをつけ、中心の葉脈に沿って押しつけ、裏からワイヤーをつまんで接着する。2枚作る（大の葉）。小の葉は小さめに作り、24番ワイヤーをつけ、4枚作る。乾燥させる。

6. 着色し、組み立てる
*ラップフィルムの上に使用する絵の具を少し出す。

1 花はピンク+白で地塗りをする。花の中央部分にピンクを塗り、この上にピンク+紫を重ねて濃くする。

2 白+黄色でクリーム色を作り、花びらの縁に塗ってハイライトをつける。

3 緑+グレー系緑でがくを地塗りする。縁に白を塗って表情をつける。

4 葉は緑+グレー系緑で地塗りをする。裏は軽く塗る。深緑で中央をぼかし塗りする。

5 中央の葉脈に白線を下から上に向かって自然と消えるように描き入れる。6枚の葉を同様に着色する。

6 葉を組み立て、3枚葉を作る。大の葉を中央にして根元から2.5cm下に小の葉を添え、半幅テープで2～3回巻いて止める。対称にして小の葉を1枚添え、半幅テープで合わせ目を2～3回巻き、下まで巻き下ろす。もう1組作る。

7 花の根元から3cm下に3枚葉の茎を2cm見せて合わせ、広幅テープを2～3回巻いて止め、そのまま巻き下ろす。合わせ目から2cm下に、向かい合わせにしてもう1組の3枚葉を合わせ、広幅テープで2～3回巻いてから、下まで巻き下ろす。茎をペンチの背でこすってツルツルにする。出来上がり。

＊ブーケにするときは、14～15本くらい作る。チュールといっしょにラウンド状に束ねて、茎をリボンで巻いてハンドルを作る。

Winter 作品22ページ
シクラメン

●材料（1鉢分）
樹脂粘土…開花・半開花（直径6cm玉）、
　つぼみ（直径2.5cm玉）、がく・葉（直径8cm強玉）
造花用ワイヤー…18番　53本（半開花・
　つぼみ・葉の茎）、16番　8本（開花の茎）
造花用ワイヤー…ブラウン　半幅・広幅
油絵の具…緑・グレー系緑・深緑・ぼたん色・
　紫・ピンク・朱色・茶・白
麻ひも…適宜（花しん）

粘土の準備
開花・半開花…6cm玉の粘土に朱色を入れて、サーモンピンクを作る。
つぼみ…無地の粘土2.5cm玉に、開花の粘土と白を少し入れて淡いピンクを作る。
がく・葉…8cm強玉の粘土に緑と深緑を入れて、くすんだ緑を作る。

1. がくを作る

1 茎を作る。16番ワイヤーにブラウンの広幅テープを巻き下ろし、先端をフックする。ティッシュペーパーを4～5cm幅に裂き、三つ折りする。フックの下から25～26cmぐらい下までぐるぐると巻く。この上にブラウンの広幅テープを巻き下ろし、ペンチの背でこすって茎をツルツルにする。

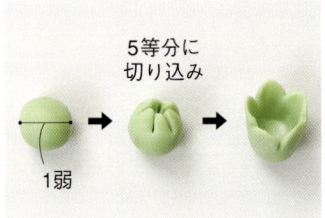

2 がくを作る。くすんだ緑の粘土を1cm弱玉にし、5等分に切り込みを入れる。細工棒を転がして中を空洞にする（70ページ、すずらん参照）。

3 1のワイヤーのフックにボンドをつけ、がくの根元に通す。根元の粘土をつまんでワイヤーになじませ、がくを丸く整える。さらにがくの1片ずつを外側に反らす。8本作り、乾かす。

2. 開花を作る

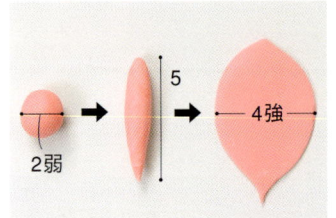

1 サーモンピンクの粘土を2cm弱玉にし、長さ5cmのなみだ形にする。プレスして4cm強に伸ばし、縁を指でこすって薄くする。

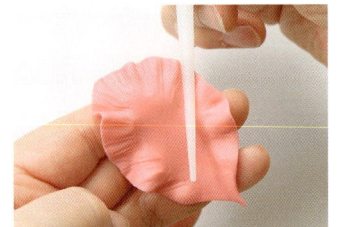

2 周りに細工棒を転がして、フリルをつける。裏に返し（指紋がついている方が表側）、縁に波棒を当てて、筋をつけながらフリルを大きく豪華にする。

3 カットローラーで中央に筋を1本つけ、左右にも筋を2～3本入れる。2つに折って形をつける。5枚作り（1輪分）、半乾きになるまでおく。

4 花びらの裏側の根元にボンドを多めにつける。がくに根元を差し込んで接着し、花びらを外側に折る。花びら5枚で形をつけながらがくに接着する。

5 花しんを作る。麻ひもをばらして0.8cmの長さに20本束ね、下側にボンドをつけ、花びらの中心に接着する。ティッシュペーパーを花びらの中に入れて形をつけ、乾燥させる。8輪作る。

3. 半開花・つぼみを作る

＊茎は、18番ワイヤーを20cm丈にカットし、がくの茎と同様に作る。

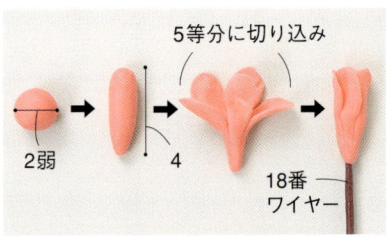

1 半開花を作る。サーモンピンクの粘土を2cm弱玉にし、長さ4cmのなみだ形にする。太い方に5等分に切り込みを入れ、細工棒で1片ずつ広げる。形をつけて花びらを重ね、18番ワイヤーのフックにボンドをつけて根元に通す。6輪作る。

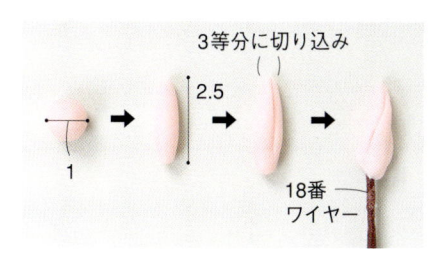

3等分に切り込み
2.5
1
18番ワイヤー

2 つぼみを作る。淡いピンクの粘土を1cm玉にし、長さ2.5cmの細いなみだ形にする。とがっている方に3等分に切り込みを入れ、指でつまんで閉じてからねじる。根元に18番ワイヤーを通す。7輪作る。

3 がく（1cm弱玉の粘土）は、開花と同様にして作る。半開花・つぼみの根元にボンドをつけ、がくの中に入れて接着する。乾燥させる。

4. 葉を作る

1 茎を作る。18番ワイヤーを20cm丈にカットし、ブラウンの広幅テープを巻き下ろす。先端3cmを残して、ティッシュペーパーとブラウンの広幅テープを巻いて茎を太くする。40本用意する。

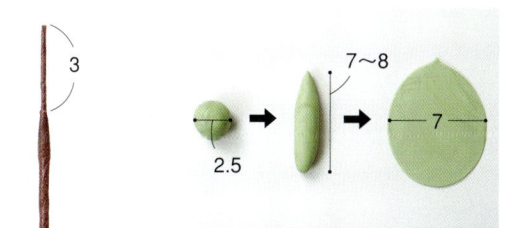

2 大の葉を作る。くすんだ緑の粘土を2.5cm玉にし、長さ7～8cmのなみだ形にする。プレスして7cm幅に伸ばす。

3 葉のつけ根をV字形にカットする。プレスマットの上にのせ、ようじ4～5本を束ねたもので、縁の粘土をひっかいてギザギザにする。

4 ゼラニュームの葉型に当て、指で押しつけて葉脈を写す。さらに裏側から縁に細工棒を転がしながらフリルをつける。

5 表に返し、つけ根に切り込みを入れる。1のワイヤーの細い部分にボンドをつけ、葉の中央に当てる。裏からワイヤーをつまんで接着する。中の葉は少し小さくして作る。大中合わせて、40枚の葉を作り、乾燥させる。

5. 着色する

＊ラップフィルムの上に使用する絵の具を少し出す。

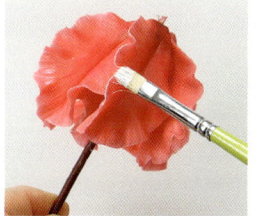

1 ピンクで地塗りする。ピンク＋紫で花びらの中心あたりを上から下に向けて塗り、さらにぼたん色＋紫を重ね塗りする。花しんとその周りを紫で塗って濃くする。最後に白で花びらの縁をところどころ塗ってハイライトをつける。

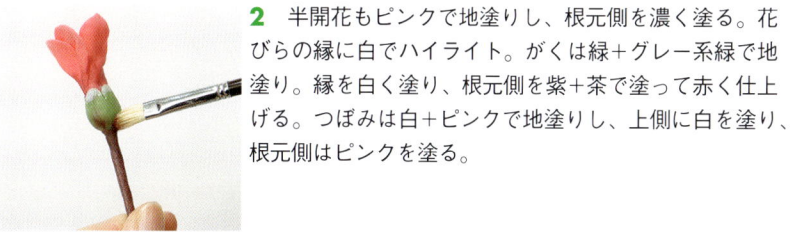

2 半開花もピンクで地塗りし、根元側を濃く塗る。花びらの縁に白でハイライト。がくは緑＋グレー系緑で地塗り。縁を白く塗り、根元側を紫＋茶で塗って赤く仕上げる。つぼみは白＋ピンクで地塗りし、上側に白を塗り、根元側はピンクを塗る。

3 葉は緑＋グレー系緑で地塗り。深緑で真ん中をぼかし塗りし、白で斑をぼかすように入れる。紫＋茶で縁を塗って赤っぽくする。

4 絵の具が乾いたら、花のつけ根のワイヤーをペンチで曲げて花を下に向かせる。半開花・つぼみも同様。

鉢にスタイロフォームと油粘土を入れ（35ページ、ふきのとうを参照）、葉をさす。開花、半開花、つぼみをさし、最後にドライモスを敷く。

露草

Summer 作品15ページ

●**材料**（1本分）
樹脂粘土…開花（直径1cm強玉）、苞（直径1cm弱玉）、
　つぼみ・葉（直径5cm弱玉）
造花用ワイヤー…24番　2本（葉の茎）、
　22番　1本（開花・つぼみの茎）、18番　1本（組み立て用）
造花用テープ…ライトグリーン　半幅・広幅
油絵の具…緑・深緑・グレー系緑・若草色・青・
　黄色・茶・こげ茶・白・紫
バラペップ…5本（花しん）

粘土の準備

開花	苞	つぼみ・葉
1強	1弱	5弱

開花…1cm強玉の粘土に青を少々入れて、ブルーを作る。
苞…1cm弱玉の粘土にこげ茶を微量入れて、白に近いベージュを作る。
つぼみ・葉…5cm弱玉の粘土に緑と深緑を入れて、緑を作る。

1. 開花を作る

＊22番ワイヤーに半幅テープを固く巻き下ろし、2等分にカットする。1本を茎用として使用し、先端にフックする。

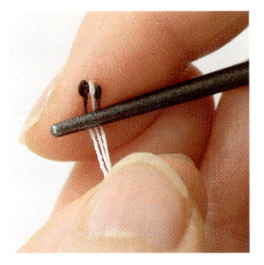

1 ペップ1本の粒先にこげ茶を塗り、半分にカットして2本にする。色をつけていないペップ1本と束ね、粒の根元に細工棒を当ててしごき、カーブをつける。根元にボンドをつけて接着する。

2 ペップ2本の粒先に黄色を塗り、半分にカットして4本を束ねる。粒のすぐ下にボンドをつけて接着する。ワイヤーのフックにボンドをつけ、フックをはさんで後ろ側に**1**のペップ、前側に黄色のペップを当てて接着する。根元を半幅テープで一巻きして止める。花しんになる。

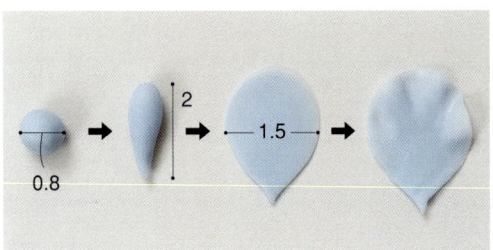

3 ブルーの粘土を0.8cm玉にし、長さ2cmのなみだ形にする。プレスして1.5cm幅に伸ばし、縁をこすって薄くする。周りに細工棒を転がしてフリルをつける。2枚作り、半乾きにする。

4 ワイヤーの茎を少しカーブさせる。**3**の2枚の花びらの根元にボンドをつけ、黄色のペップの後ろ側に当てて、花しんをくるむように接着する。

2. 苞をつける

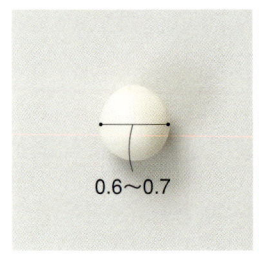

1 白に近いベージュの粘土を0.6～0.7cm玉にし、1cm強の先のとがったなみだ形にする。とがっている方に2等分に切り込みを入れ、細工棒で2片を広げる。

2 **1**の中心に開花のワイヤーを通し、根元にボンドをつけて接着する。

3 白に近いベージュの粘土で**1**と同様のなみだ形を作る。丸い方に2等分に切り込みを入れ、2片を広げる。**2**の開花のワイヤーを中心に通し、根元にボンドをつけて**2**の苞にかぶせるように接着する。

4 茎をつける。緑の粘土を0.8cm玉にし、長さ5～6cmのひも状に伸ばす。中央に竹ぐしを押しつけてくぼませ、ワイヤーにボンドをつけて接着する（62ページ、すかし百合を参照）。手のひらで転がして8～9cmの長さに伸ばし、乾かす。

3. つぼみを作る

1 22番ワイヤーに半幅テープを巻き下ろし、3等分にカットする。1本の先端にフックをし、茎に使用する。緑の粘土を0.6〜0.7cm玉にし、ワイヤーのフックにボンドをつけて根元にさして接着する。粘土をだ円形に形づくり、乾かす。しんになる。

2 開花と同様にして茎に粘土をつけて太く仕上げ、乾かす。

3 葉を作る。緑の粘土を1cm玉にし、長さ2.5cmのなみだ形にする。プレスして2.5cm幅に伸ばし、葉の裏側にカットローラーで中央と左右に筋をつける。中心に茎を通し、しんの根元にボンドをつけて接着する。さらに葉を2つに折ってしんをくるみ、乾燥させる。つぼみの出来上がり。

4. 葉を作る

＊24番ワイヤーに半幅テープを巻き下ろし、4等分にカットする。7本用意する。

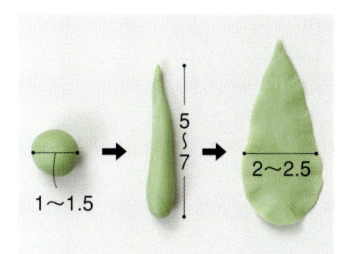

1 緑の粘土を1〜1.5cm玉にし、長さ5〜7cmの細長いなみだ形にする。プレスして2〜2.5cm幅に伸ばし、周りに細工棒を転がしてフリルをつける。

2 表（指紋のあるほう）に返し、カットローラーで中央1本と左右に3本ずつの筋をつける。

3 ワイヤーの先にボンドをつけて葉の中央に押しつけ、裏からワイヤーをつまんで接着する。大と中を合わせて7枚作り、乾かす。

5. 茎のない葉を作り、開花とつぼみにはる

1 開花の葉を作る。緑の粘土を1cm強玉にし、長さ4.5cmのなみだ形にする。プレスして2.5cm幅に伸ばし、周りにフリルをつける。葉の表側にカットローラーで中央1本と左右2本ずつの筋をつけ、2つに折る。2枚作り、半乾きにする。

2 1の葉のつけ根にボンドをつけ、花のつけ根をくるむように接着する。2枚目の葉は1.5cmほど下げて、向かい合わせにして接着する。

3 つぼみのしんをくるんだ葉と同寸法に葉を2枚作り、半乾きにする。葉のつけ根にボンドをつけて、2枚の葉が向かい合わせになるようにつぼみの茎に接着する。スタイロフォームにさして、乾かす。

6. 着色する

＊ラップフィルムの上に使用する絵の具を少し出す。

開花…青+白を外側から内側に向かって塗り、地塗りする。紫+青を縁に塗って表情をつける。花びらの中央に白、奥に若草色を塗る。最後に苞に白を塗る。
葉…緑+グレー系緑で地塗り。緑+深緑で中央部分を塗り、中央の葉脈に白線を入れる。葉のつけ根と先に紫+茶で赤みをつける。ワイヤーのない葉も同様。

● 組み立て方のポイント

花とつぼみの茎はテープを巻き、少し大きめの葉を対称につける。花とつぼみの茎を合わせて、テープで巻き、葉を横向きにつけていく。

Summer　作品15ページ

ほおずき

＊実の実物大型紙は、59ページに掲載。

●材料（1枝分）
樹脂粘土…実・実のしん（直径5cm弱玉）、
　花（直径1.5cm玉）、がく・葉（直径4cm玉）、
　葉型（直径3cm玉）
造花用ワイヤー…26番　2本（花・葉の茎）、
　24番　3本（葉の茎）、
　18番　2本（実の茎、組み立て用）
造花用テープ…ライトグリーン　半幅・広幅
油絵の具…緑・深緑・若草色・ピンク・山吹色
　・朱色・白・青・黄色
極小ペップ…5本（花しん）

粘土の準備

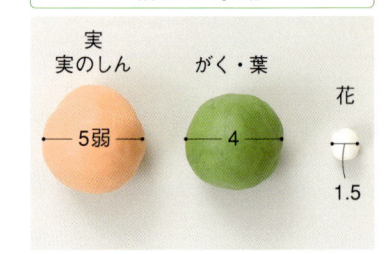

実・実のしん…5cm弱玉の粘土に朱色と山吹色を入れて、淡いオレンジ色を作る。
がく・葉…4cm玉の粘土に緑と深緑を入れて、緑を作る。
花…1.5cm玉の粘土に白を入れて、白を作る。

1. 逆取りの葉型を作る

無地の粘土3cm玉を、長さ6cmのなみだ形にする。プレスして4.5cm幅に伸ばす。イチゴの葉型に押し当て、葉脈をしっかりと写し、乾かしておく。実に葉脈を写すのに使う。

2. 花を作る

＊26番ワイヤーに半幅テープを固く巻き下ろし、長さ5cmにカットしたものを2本用意する。先端をフックする。
＊極小ペップの粒先に黄色の絵の具を塗り、乾かしておく。

1　極小ペップ5本の両方の粒先から0.8cm下にボンドをつける。ボンドが半乾きになったらボンド位置をカットして2つに分ける。ペップの根元にボンドをつけてワイヤーのフックに当て、半幅テープを2～3回巻いて止め、そのまま巻き下ろす。同じものを2本作る。花しんになる。

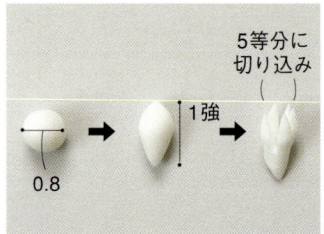

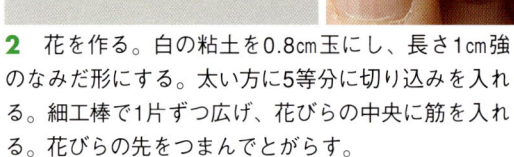

2　花を作る。白の粘土を0.8cm玉にし、長さ1cm強のなみだ形にする。太い方に5等分に切り込みを入れる。細工棒で1片ずつ広げ、花びらの中央に筋を入れる。花びらの先をつまんでとがらす。

3　花の中心に花しんのワイヤーを通し、花しんの根元にボンドをつけて接着する。

4　がくをつける。緑の粘土を0.7cm玉にし、長さ1cmのなみだ形にする。とがっている方に5等分に切り込みを入れ、細工棒で広げる。3の花のワイヤーを通し、花の根元にボンドをつけて接着する。同じものをもう1本作り、スタイロフォームにさして乾かす。

3. 実を作る

＊実を作るときに、しんは乾いたものを使いたいので、逆取りの葉型を作るときに一緒に作って乾かしておく。

1　18番ワイヤーに半幅テープを巻き下ろし、4等分にカットする。3本使用し、先端にフックする。淡いオレンジ色の粘土を1.5cm玉にし、ワイヤーのフックにボンドをつけて差し込む。根元の粘土をつまんでワイヤーになじませる。3本作り、乾かす。しんになる。

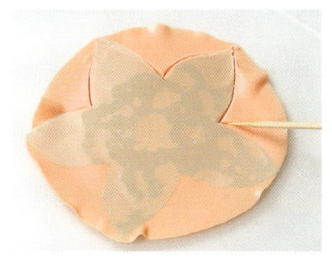

2 実を作る。淡いオレンジ色の粘土を2.5cm玉にし、そのままプレスして、直径11cmに伸ばす。縁を指でこすって薄くする。この上に型紙をのせて竹ぐしで輪郭をなぞりながら、余分な粘土をカットする。もう一度縁をこすって薄くする。

3 逆取りの葉型に薄くハンドクリームを塗って2の1片ずつに当てて、葉脈を写す。

4 淡いオレンジ色の粘土を1cm玉にし、プレスして伸ばす。実の中心にボンドで接着する。底になる。

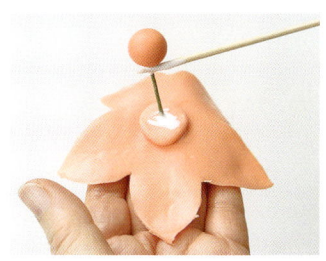

5 1のしんのワイヤーを4の実の底に通し、しんの根元と底にもボンドをつけて接着する。

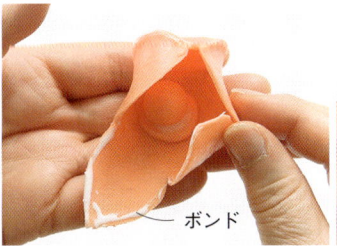

6 実の縁に細くボンドをつける。隣り合っている辺を突き合わせにして、つまんではり合わせる。

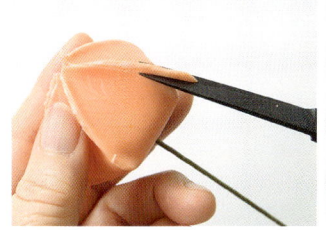

7 はり合わせた辺を丸くカットして形を整える。実の出来上がり。3個作り、乾かしておく。

4. 葉を作る

＊26番・24番ワイヤーとも半幅テープを巻いておく。26番ワイヤーは6等分（小の葉に2本）に、24番ワイヤーは4等分（中・大の葉に10本）にカットする。

1 緑の粘土を2cm玉にし、長さ6cmの細長いなみだ形にする。プレスして5.5cm幅に伸ばし、イチゴの葉型で葉脈を写す。

2 周りをはさみでV字にカットする。裏に返し、細工棒を縁に転がしてフリルをつける。

3 ワイヤーの先にボンドをつけ、中央の葉脈に沿って当て、裏からワイヤーをつまんで接着する。小を2枚、中を6枚、大を4枚作り、乾燥させる。

5. 着色する

＊ラップフィルムの上に使用する絵の具を少し出す。

1 花は白で地塗りし、花の奥に若草色を塗る。がくは緑で塗る。葉は緑で地塗り。深緑＋青少々で中央あたりを塗り、表情をつける。

2 実に着色する。上の実は若草色＋白で地塗り。底から朱色＋山吹色でぼかし塗りをし、朱色をところどころに塗って表情をつける。先を緑＋若草色でぼかし塗り。真ん中の実は朱色＋山吹色で地塗り。底から朱色＋山吹色少々でぼかし塗りをし、ところどころに朱色を塗って濃くする。先は緑を塗る。下の実は朱色で地塗り。朱色＋ピンクでぼかし塗りをし、先は緑を塗る。

●**組み立て方のポイント**
18番ワイヤーに小の葉を向かい合わせにつけ、少し下に中の葉2枚を対称につける。間に花をつけ、間隔をあけて葉を対称につけながら、実を下げてつける。

Summer あざみ

作品14ページ

●材料（1枝分）
樹脂粘土…開花・つぼみ・補正用の細い花弁（直径3cm玉）、
　　　　がく・葉（直径4cm玉）
造花用ワイヤー…26番　1本（小の葉の茎）、
　　　　24番　2本（中・大の葉の茎）、18番　1本（つぼみの茎）、
　　　　16番　2本（開花の茎）
造花用テープ…ライトグリーン　半幅・広幅
油絵の具…ぼたん色・青・緑・深緑・白・ピンク・紫

粘土の準備

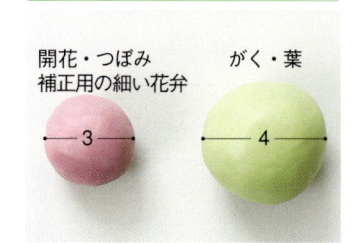

開花・つぼみ・補正用のひも…3cm玉の粘土にぼたん色と青を入れて、淡いワイン色を作る。
がく・葉…4cm玉の粘土に緑と深緑を入れて、若草色を作る。

1. 開花とつぼみを作る

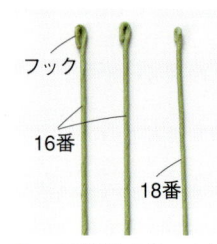

1 18番ワイヤー1本（つぼみ）と16番ワイヤー2本（開花）に広幅テープを巻き下ろし、先端をフックする。

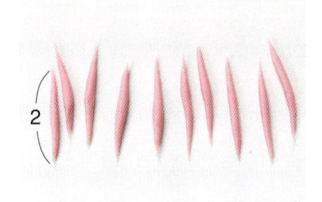

2 開花の補正用の細い花弁を作る。淡いワイン色の粘土0.2cm玉を、長さ2cmのひも状に伸ばす。50本作り、固くなるまで乾かす。

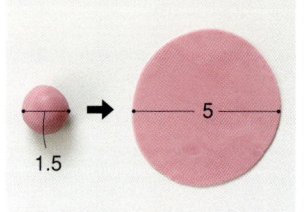

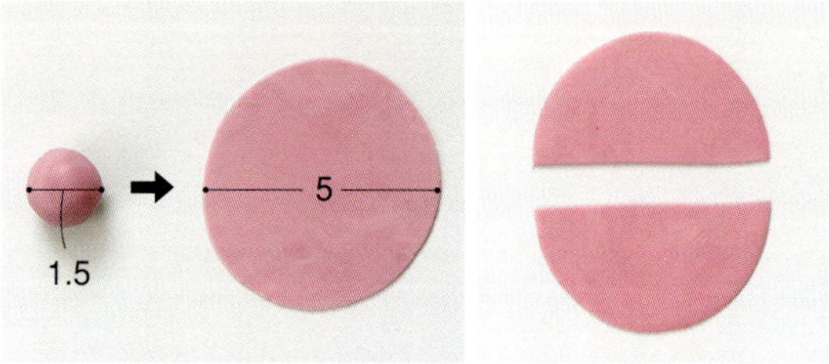

3 開花を作る。淡いワイン色の粘土を1.5cm玉に丸め、直径5cmにプレスする。スタイロフォームにのせて半乾きになるまでおき、半分にカットする。

4 円周側を0.5cm残して、中央から左側に向かって細長く切り込みを入れる。次に右側に向かって切り込みを入れる（分度器のようにカットする）。

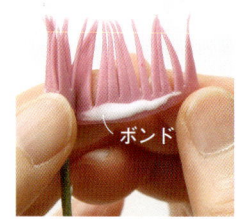

5 残した円周側にボンドをつけ、16番ワイヤーのフックを端に当てる。フックをしんにして、高さをそろえてぐるぐると巻きつける。

6 根元を指で押し、先を広げる。これが花しんになる。もう1本作り乾かしておく。

7 3〜4と同じものを作る、円周側にボンドをつける。6の花しんに頭の高さをそろえてぐるぐると巻きつける。根元を指で押して接着し、花を広げる。

8 もう1枚作り、頭の高さをそろえて、7の上に巻きつける。根元を指で押して花を広げ、乾燥させる。

9 補正用の細い花弁の先にボンドをつけ、8の花のすき間に差し込んで接着する。花が山形になるように25本ぐらい差し込む。同じ開花をもう1本作る。

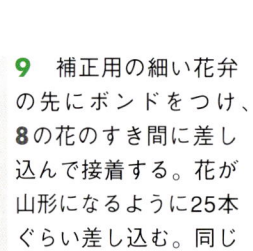

葉の実物大型紙

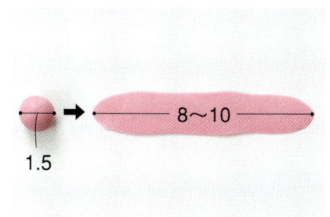

10 つぼみを作る。淡いワイン色の粘土を1.5cm玉にし、長さ8〜10cmぐらいにプレスして伸ばす。

まっすぐにカット 1.5

11 上側の縁をこすって薄く伸ばし、0.1cm間隔に切り込みを入れる。両端はまっすぐにカットする。

12 18番ワイヤーのフックにボンドをつけ、11の端に当てる。頭の高さをそろえて固く、ぐるぐると巻く。根元を指でつまんで絞る。乾燥させる。

2. がくをつける

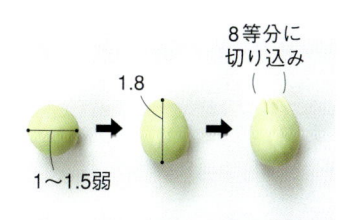

8等分に切り込み

1 若草色の粘土を1（つぼみ）〜1.5cm弱（開花）玉に丸め、長さ1.8cmのころっとしたなみだ形にする。細い方に8等分に浅く切り込みを入れる。

2 細工棒の太い方を回しながら空洞を作る（70ページ、すずらんを参照）。

3 がくの中心に開花のワイヤーを通し、根元にボンドをつけて接着する。がくの根元の余分な粘土を取ってつけ根に丸みを出し、形を整える。

4 花を下に向けて持ち、がくのつけ根から上に向かって、はさみで小刻みに切り込みを入れる。つぼみも同様にがくをつける。

3. 葉を作る

＊小の葉は、26番ワイヤーを6等分にカットし、6本用意する。
中（3枚）・大（2枚）の葉は、24番ワイヤーを4等分にカットし、5本用意する。

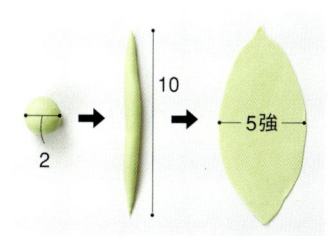

1 大の葉を作る。若草色の粘土2cm玉を、長さ10cmのひも状にする。プレスして5cm強幅に伸ばす。

2 型紙の裏と竹ぐしにハンドクリームをつけておく。1のプレスした粘土に型紙の裏側を当て、竹ぐしで輪郭に沿って小刻みに揺らしながらカットする。

3 葉の裏側に細工棒をところどころに当てて転がし、縁を薄くする。表側を出し、カットローラーで中央1本とそれぞれの葉先に向かって筋をつける。

4 24番ワイヤーの半分ぐらいにボンドをつけ、葉の長さの3分の2ぐらいの位置に当てる。裏からワイヤーをつまんで接着する。大の型紙を小さくして小・中の葉を同様にして作り、乾かす。

4. 着色し、組み立てる

＊ラップフィルムの上に使用する絵の具を少し出す。

1 ピンク＋紫で花に地塗りをする。ぼたん色＋青で花の奥に筆をさすようにして塗り、先に白をつける。

2 緑＋深緑、白少々でがくに地塗りをする。緑＋深緑でがくの下から上に向かって塗り、がくの縁に白を塗る。つぼみも同様。

3 葉は緑＋深緑で地塗りをする。青＋緑で真ん中から下側を塗り、真ん中に白で1本線を描く。

4 組み立てる（半幅テープで巻いた後、広幅テープで巻いて、茎の太さを出す）。がくの根元に小の葉を止め、7〜8cm下に少し大きい小の葉、5〜6cm下に中の葉を止める。開花につぼみを下げて合わせて広幅テープで止め、もう1本の開花を合わせる。合わせ目に大の葉2枚を対称にして当て、テープを2度巻きする。

| Autumn | 作品16ページ

萩

●材料（1枝分）
樹脂粘土…つぼみ・花しん・外花弁（直径3cm弱玉）、
　内花弁（直径2cm弱玉）、固いつぼみ（直径2cm玉）、
　がく・葉（直径4cm玉）
造花用ワイヤー…28番　10本（つぼみ・葉の茎）、
　26番　5本（開花・葉の茎）
　18番　2本、16番　1本（組み立て用）
造花用テープ…ライトグリーン　半幅・広幅
油絵の具…緑・深緑・若草色・グレー系緑・
　青・紫・ピンク・白

粘土の準備

つぼみ
花しん
外花弁　内花弁　固いつぼみ　　　がく・葉

←3弱→　　　　　　　　　　←　4　→
　　　　　2弱　　2

つぼみ・花しん・外花弁…3cm弱玉の粘土にピンクと紫を少量混ぜて、淡いピンクを作る。
内花弁…2cm弱玉の粘土に、ピンクと紫を多めに入れて、濃いピンクを作る。
固いつぼみ…2cm玉の粘土に緑を少量入れて、淡い緑を作る。
がく・葉…4cm玉の粘土に緑と深緑を入れて、くすんだ緑を作る。

1. 開花を作る

＊26番ワイヤーを6等分にカットし、先端をフックする。30本用意する。

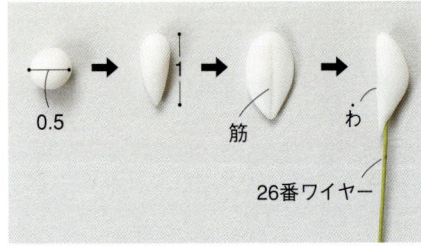

0.5　　　1　筋　　わ
　　　　　　　　26番ワイヤー

1 花しんを作る。淡いピンクの粘土を0.5cm玉にし、長さ1cmのなみだ形にする。指で押して軽くつぶし、中央に筋を入れる。ワイヤーのフックにボンドをつけ、筋に沿って当て、粘土を2つに折って接着する。

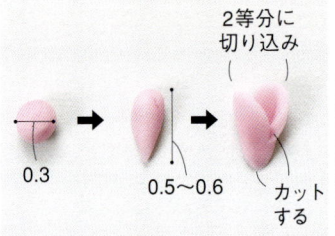

0.3　　0.5〜0.6　2等分に切り込み　カットする

2 内花弁を作る。濃いピンクの粘土を0.3cm玉にし、長さ0.5〜0.6cmのなみだ形にする。太い方に2等分に切り込みを入れ、細工棒で広げる。脇をカットして開く。

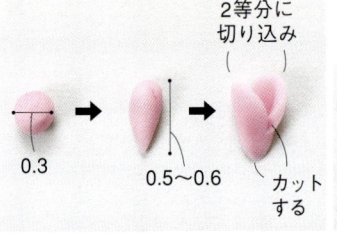

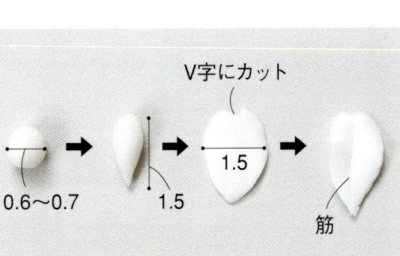

3 内花弁の根元にボンドをつけ、花しんをはさむようにして当て、根元に接着する。

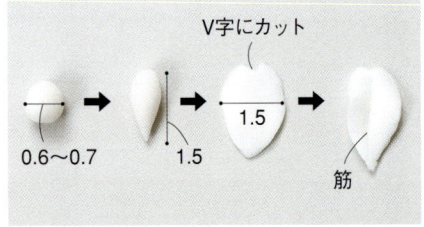

0.6〜0.7　1.5　V字にカット　1.5　筋

4 外花弁を作る。淡いピンクの粘土を0.6〜0.7cm玉にし、長さ1.5cmのなみだ形にする。プレスして1.5cm幅に伸ばす。上部を小さくV字形にカットし、細工棒で周りにフリルをつける。中央に筋をつけ、2つに折って縁を外側に反らす。

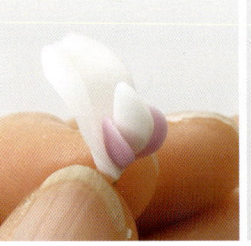

5 4の外花弁の根元にボンドをつけ、内花弁の根元に当てて、接着する。外花弁の上部を外側に反らす。

2. がくをつける

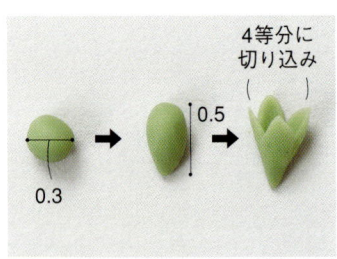

0.3　　0.5　4等分に切り込み

1 くすんだ緑の粘土を0.3cm玉にし、長さ0.5cmのころっとしたなみだ形にする。浅く4等分に切り込みを入れ、細工棒で広げる。

2 がくの中心に開花のワイヤーを通す。外花弁の根元にボンドをつけ、がくを接着する。このとき、がくの1片が前中央にくるようにする。30本作り、乾燥させる。

3. つぼみを作る

＊28番ワイヤーを6等分にカットし、先端をフックする。30本用意する。

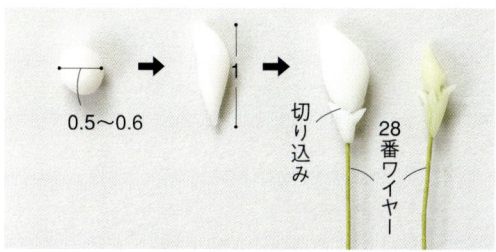

淡いピンクの粘土を0.5〜0.6cm玉にし、長さ1cmのなみだ形にしてから、ヘラのような形にする。ワイヤーのノックにボンドをつけ、根元にさして接着する。根元に4か所切り込みを入れ、がくにする。固いつぼみは淡い緑の粘土で小さくして同様に作る。つぼみと固いつぼみを合わせて30本作り、乾燥させる。

4. 葉を作る

＊28番ワイヤーを6等分にカットし、30本用意する。

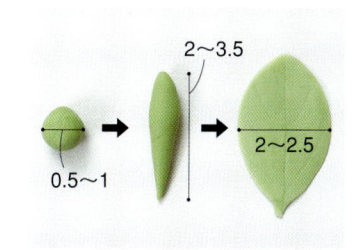

1 くすんだ緑の粘土を0.5（小）〜1cm（大）玉にし、長さ2〜3.5cmのなみだ形にする。プレスして2〜2.5cmに伸ばし、縁を指でこすって薄くする。イチゴの葉型に押しつけて葉脈を写す。ただし、あまりはっきりとつけないようにする。

2 ワイヤーの先にボンドをつけ、中央の葉脈に沿って当てる。裏からワイヤーをつまんで接着する。大小合わせて30枚作り、乾燥させる。

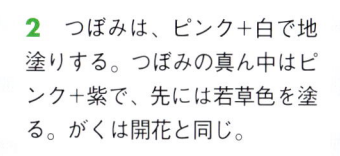

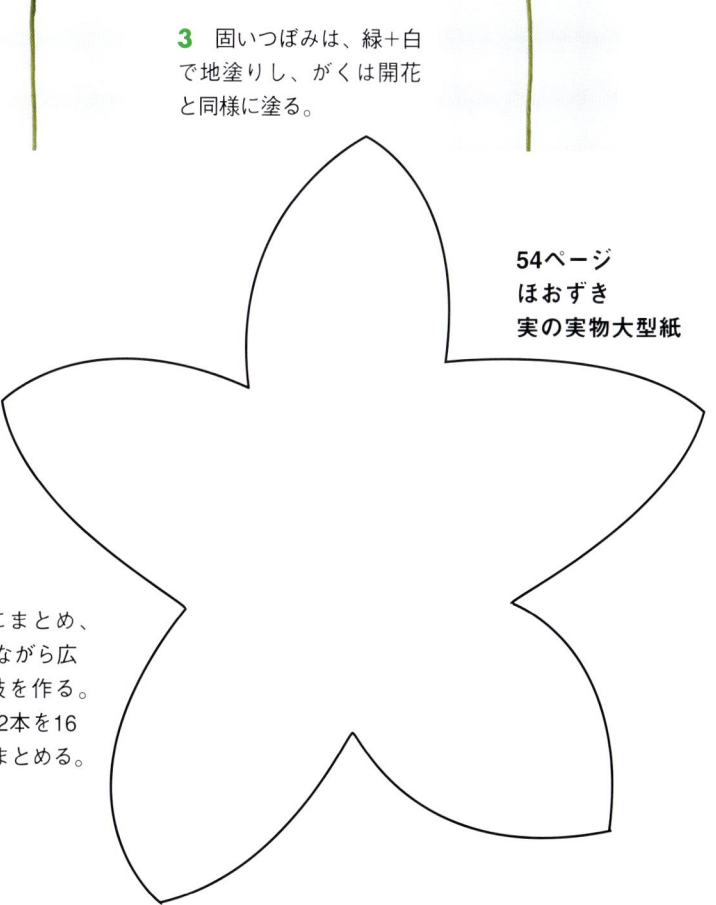

5. 着色する

＊ラップフィルムの上に使用する絵の具を少し出す。

1 開花の外花弁はピンク＋白で、内花弁はピンク＋紫で地塗りする。ピンク＋紫を多くして内花弁のところどころに塗って表情をつける。花の奥にはピンク＋紫を塗る。花しんの先に若草色を少し塗り、がくはグレー系緑＋緑で塗る。

2 つぼみは、ピンク＋白で地塗りする。つぼみの真ん中はピンク＋紫で、先には若草色を塗る。がくは開花と同じ。

3 固いつぼみは、緑＋白で地塗りし、がくは開花と同様に塗る。

4 3枚葉を作る。大の葉を中央にして、2〜3cm下に小の葉を向かい合わせして当て、半幅テープで巻き下ろす。同様にして10組作る。次に着色する。緑＋深緑で地塗りし、青＋緑で真ん中あたりを濃く塗る。中央に白線を下から上に向けて先細りになるように1本引く。

54ページ ほおずき 実の実物大型紙

6. 組み立てる

写真のように小枝にまとめ、18番ワイヤーに添えながら広幅テープで巻いて枝を作る。わき枝を合わせて、2本を16番ワイヤーを添えてまとめる。

Autumn　作品16ページ

桔梗

●材料（1枝分）
樹脂粘土…めしべ・おしべ（直径1cm玉）、
　　　　子房・つぼみ（直径2cm強玉）、
　　　　開花・半開花（直径3cm強玉）、がく・葉（直径3.5cm玉）
造花用ワイヤー…26番　1本（小の葉の茎）、
　　　　　　24番　2本（中・大の葉の茎）、
　　　　　　18番　1本（つぼみの茎）、
　　　　　　16番　2本（開花・半開花の茎）
造花用テープ…ライトグリーン　半幅・広幅
油絵の具…緑・深緑・若草色・青・紫・白

粘土の準備

めしべ・おしべ…1cm玉の粘土に白を微量入れて、白を作る。
子房・つぼみ…2cm強玉の粘土に緑を少し入れて、淡い緑を作る。
開花・半開花…3cm強玉の粘土に紫と青を入れて、青紫を作る。
がく・葉…3.5cm玉の粘土に緑と深緑を入れて、濃い緑を作る。

1. 花しんを作る

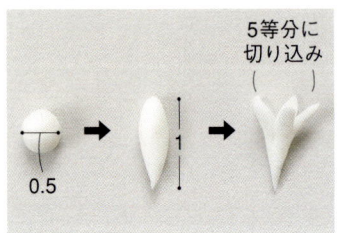

1 めしべを作る。白の粘土を0.5cm玉にし、長さ1cmのなみだ形にする。太い方に5等分に切り込みを入れ、細い細工棒（または、竹ぐし）で1片ずつ広げる。乾かしておく。

2 おしべを作る。白の粘土を0.3cm玉にし、長さ1.2cmのひも状にする。L字形（短い方が下側になる）に曲げる。同じものを5本作り、乾かす。

3 16番ワイヤーに広幅テープを巻き下ろし、先端に固いフックを作る。子房を作る。淡いグリーンの粘土を0.8cm玉にし、長さ1cm強のなみだ形にする。ワイヤーのフックにボンドをつけ、根元に差し込んで接着する。

4 子房の頭頂部に穴をあけ、めしべの根元にボンドをつけて差し込む。子房に5本の筋をつける。次に子房のおしべつけ位置にボンドをつけ、めしべの周りに5本のおしべを接着する。乾かしておく。開花の花しんになる。

5 半開花の花しんを作る。おしべと子房は開花と同様に作る。めしべは小さいなみだ形に作り、5等分に切り込みを入れて閉じる。子房の頭頂部に穴をあけ、めしべを差し込んで接着し、周りにおしべ5本を接着する。乾かす。

2. つぼみを作る

＊茎は、18番ワイヤーに広幅テープを巻き下ろし、先端をフックする。

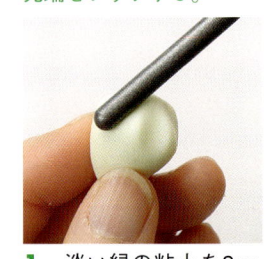

1 淡い緑の粘土を2cm玉にし、長さ2.5cmのなみだ形にする。太い方に細工棒の太い部分を押しつけて5か所をくぼませる。

2 ワイヤーのフックにボンドをつけ、**1**の根元に差し込む。根元の粘土をつまんでワイヤーになじませる。くぼませた5か所にはさみの刃を当てて、筋をつける。乾かしておく。

3. 開花を作る

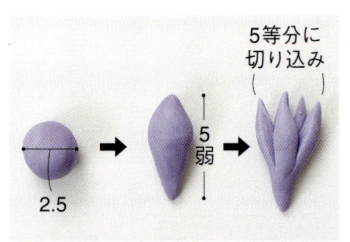

1 青紫の粘土を2.5cm玉にし、長さ5cm弱の両方がとがったなみだ形にする。太い方に深く5等分に切り込みを入れる。

2 細工棒の太い方を1片ずつに転がして、2.5cm幅ぐらいまで広げる。5片とも同じ幅に広げるのがポイント。

3 細工棒の細い方で縁を薄く伸ばす。

4 花びらと花びらの間をはさみでカットする。

5 はさみの刃を押しつけて筋をつける。中央に1本、左右に細かい筋を適宜入れる。

6 花びらの先をつまんでとがらせる。上から花しんのワイヤーを通し、花しんの根元にボンドをつけて接着する。半開花は小さく作って、花びらを内側に曲げる。両方とも、乾燥させる。

4. がくをつける

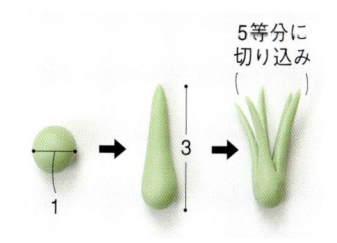

1 濃い緑の粘土を1cm玉にし、下側がふくらんだ長さ3cmのなみだ形にする。細い方に5等分に切り込みを入れ、5片を細工棒で広げる。

2 がくに開花のワイヤーを通し、開花の根元にボンドをつけて接着する。そのとき、がくのとがった先が花びらの間、間になるようにして接着する。

3 がくの切り込みのつけ根位置に細工棒を押しつけ、くびれをつける。5片全部同様にする。半開花も同様にしてがくをつける。2本とも乾かす。

5. 葉を作る

＊茎のワイヤーは、26番ワイヤーを6等分にカットして5本（小の葉）、24番を4等分にカットして6本（中・大の葉）用意する。

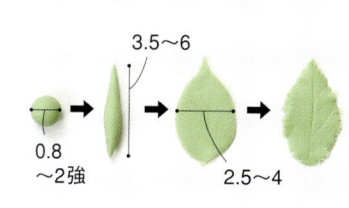

1 濃い緑の粘土を0.8（小）〜2cm強（大）玉にし、長さ3.5〜6cmのなみだ形にする。プレスして2.5〜4cm幅に伸ばし、縁を指でこすって薄くする。イチゴの葉型に押しつけて葉脈を写し、裏から細工棒を転がしながら軽くフリルをつける。周りをギザギザに仕上げる（51ページ、シクラメン参照）。

2 ワイヤーの先にボンドをつけて、中央の葉脈に押しつけ、裏からワイヤーをつまんで接着する。小を5枚、中を2枚、大を4枚作り、乾燥する。

6. 着色する　＊ラップフィルムの上に使用する絵の具を少し出す。

開花・半開花…花びらは紫＋青少々で薄く地塗りをする。花びらの奥の方に白を塗り、子房に若草色を塗る。花びらの縁に紫＋青を塗って濃くして表情をつける。がくは緑で地塗りし、縁に白を塗り、下側に深緑を塗る。

つぼみ…緑＋白でミントグリーンを作り、地塗りする。花の下の方に若草色を塗って濃くし、上部は紫＋青でぼかすように塗る。がくは開花と同様。

葉…緑で地塗り。深緑を中央部分に塗り、中央の葉脈に沿って白線を入れる。

●組み立て方のポイント

半開花とつぼみに小さい葉を2枚、開花に1枚つける。開花と半開花を合わせて中の葉を1枚つける。下につぼみをつけ、中・大の葉をらせん状につける。

Summer 作品12ページ

すかし百合

●材料（1枝分）
樹脂粘土…おしべ、めしべの花糸・子房・つぼみ（直径3cm玉）、
　おしべのやく（直径1cm強玉）、内花弁・外花弁（直径4cm弱玉）、
　葉（直径5cm玉）
造花用ワイヤー…26番　9本（しべ・花・葉の茎）、
　24番　3本（葉の茎）、18番　3本（つぼみ・子房の軸）
造花用テープ…ライトグリーン　半幅・広幅
油絵の具…緑・深緑・青・紫・ピンク・黄色・茶・こげ茶・白
かたくり粉…適宜（花粉）

粘土の準備

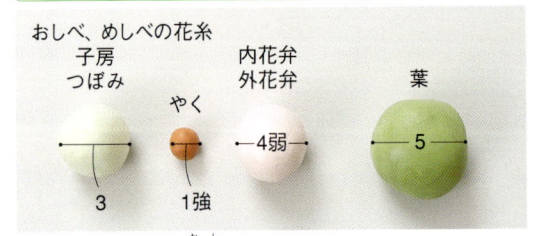

おしべ、めしべの花糸・子房・つぼみ…3cm玉
の粘土に緑を微量入れて、ミントグリーンを作る。
おしべのやく…1cm強玉の粘土に茶を入れて、茶色を作る。
内花弁・外花弁…4cm弱玉の粘土にピンクを入れて、
淡いサーモンピンクを作る。
葉…5cm玉の粘土に緑と深緑を入れて、緑を作る。

1. めしべ・おしべを作る

＊26番ワイヤーを4等分にカットする。7本用意する。

1　めしべを作る。ミントグリーンの粘土0.7～0.8cm玉を、長さ3cmのひも状に伸ばす。中央に竹ぐしを押しつけてくぼませる。

2　ワイヤーの中央6cmぐらいにボンドをつけ、1をくぼみにのせる。粘土でワイヤーをくるむ。

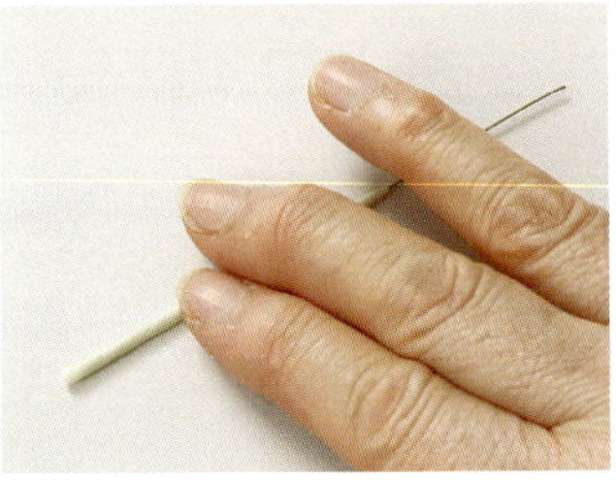

3　テーブルの上で転がしながら粘土を伸ばし、ワイヤーの先より粘土が0.5cmはみ出るようにする。

4　はみ出た部分に竹ぐしを3か所押しつけてくぼませる。1本作る。

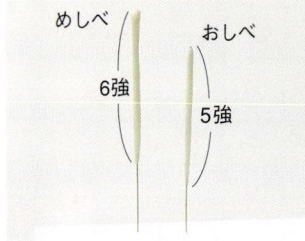

5　おしべを作る。ミントグリーンの粘土0.5～0.6cm玉をひも状に伸ばし、ワイヤーに接着して、5cm強の長さまで伸ばす（めしべと同様）。6本作る。めしべ・おしべとも乾燥させる。半開花用にも同様に作る。

2. おしべにやくをつける

1　茶の粘土0.5cm玉を、長さ1cm強のひも状に伸ばす。竹ぐしの先で刺して穴をあける。

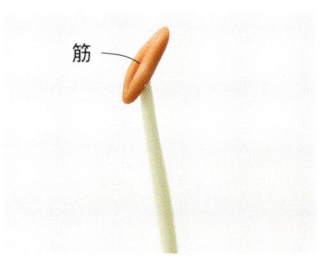

2　おしべの先にボンドをつけ、1の穴に通して接着する。やくの上側にはさみの刃を押しつけて筋をつける。6本作り、乾かす。

3　花粉を作る。かたくり粉に茶とこげ茶の絵の具を少し入れ、筆でよく混ぜる。2のやくに茶の絵の具をたっぷりと塗り、このまま花粉をまぶしつける。6本同様にして乾かす。半開花用も同様にする。

3. 花びらを作る

＊茎のワイヤーの準備をする。広幅テープを3分の1幅にカットし、26番ワイヤーに固く巻き下ろす。4等分にカットする。開花・半開花で12本用意する。

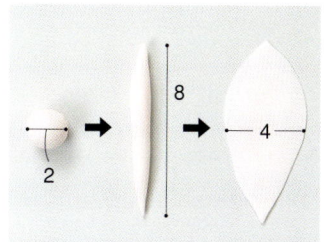

1 内花弁を作る。淡いサーモンピンクの粘土を2cm玉にし、長さ8cmのひも状に伸ばす。プレスして4cm幅に伸ばし、縁を指でこすって薄くする。

2 1の周りに細工棒を転がして、フリルを多めにつける。裏に返し、細い細工棒で左右の粘土を中央に寄せるようにして盛り上げる。

3 盛り上げた中央にカットローラーで筋を1本つける。さらに左右に斜めに筋を4本ずつつける。

4 ワイヤーにボンドをつけ、花弁の長さの3分の1ぐらいの位置にぎゅっと押しつける。裏からワイヤーをつまんで隠す。花弁の先をつまんでとがらせ、表情をつける。3枚作る。

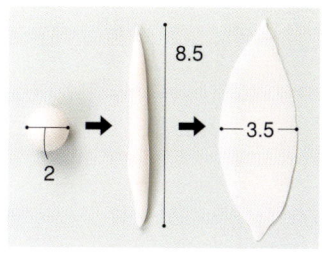

5 外花弁を作る。淡いサーモンピンクの粘土を2cm玉にし、長さ8.5cmのひも状に伸ばす。プレスして3.5cm幅にし、縁を指でこすって薄くする。

6 5の花弁の周りに細工棒を転がして多めにフリルをつける。裏に返し、中央に細工棒を押しつけて、くぼませる。

7 6の中央にカットローラーで筋を1本つける。左右に斜めに筋を4〜5本ずつつける。花弁に茎のワイヤーを内花弁の4と同様にして接着する。花弁の先をつまんでとがらせる。3枚作る。

8 スタイロフォームにティッシュペーパーをふんわりと敷く。花びらの先がスタイロフォームの角にかかるようにして内花弁、外花弁をのせて、乾燥させる。

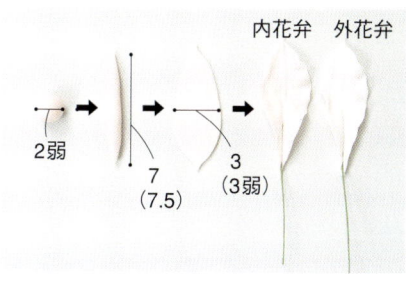

9 半開花の内花弁（外花弁）を作る。淡いサーモンピンクの粘土を2cm弱玉にし、長さ7cm（7.5cm）のひも状に伸ばす。プレスして3cm（3cm弱）幅にし、縁を指でこすって薄くする。開花と同様にして形づくり、ワイヤーを接着する。3枚ずつ作り、乾燥させる。

4. つぼみを作る

＊18番ワイヤーに半幅のテープを巻き下ろし、2等分にカットする。先端をフックし、1本用意する。

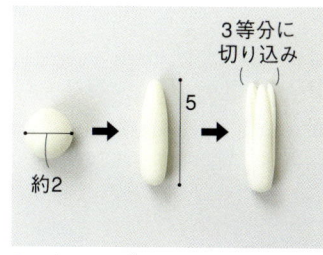

1 ミントグリーンの粘土を2cm玉にし、長さ5cmの細長いなみだ形にする。細い方に3等分に切り込みを入れる。

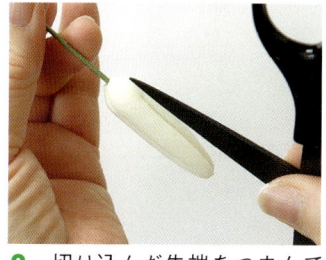

2 切り込んだ先端をつまんで閉じる。ワイヤーのフックにボンドをつけて、根元に差し込んで接着する。1の3か所の切り込みの延長線にはさみで筋を入れる。

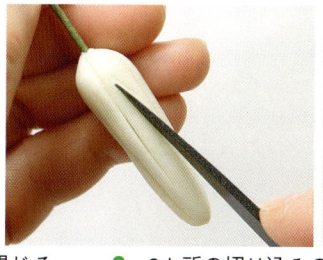

3 3か所の切り込みの間（中央）にはさみで深く筋を入れ、その周りに適宜筋を入れる。スタイロフォームにさして乾かす。

63

5. 葉を作る

＊茎のワイヤーの準備をする。26番・24番とも3分の1幅のテープを巻く。
小の葉は、26番を6等分にカットし、8本用意する。大・中の葉は、24番を4等分にカットし、10本用意する。

1 緑の粘土を1〜1.5cm強玉にし、長さ5cm強〜7cmのひも状に伸ばす。プレスして2〜3cm幅に伸ばし、縁を指でこすって薄くする。カットローラーで中央1本と左右に2本ずつ筋をつける。

2 ワイヤーにボンドをつけ、葉の長さの半分弱の位置に当て、裏からつまんで接着する。葉の先を少し後ろに反らして表情を出す。大・中・小で18枚作り、乾燥させる。

6. 着色する

＊ラップフィルムの上に使用する絵の具を少し出す。

1 花びらはピンク+白で地塗りをし、裏は軽く塗る。真ん中あたりをピンク+紫で濃くする。紫+茶で真ん中から下側に点々と模様を入れる。

2 つぼみは緑+白で地塗りし、緑をつけ根とくぼんでいる筋に塗る。中央にピンクを薄く塗って表情をつけ、上部にはこげ茶を塗る。葉は緑で地塗りをし、裏は軽く塗る。緑+青で中央からつけ根をぼかすように塗る。

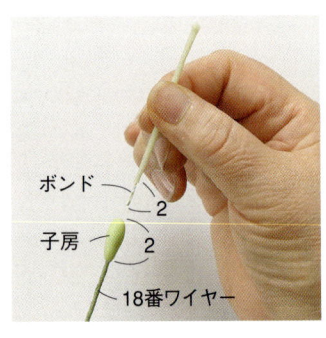

7. 組み立てる

1 子房を作る。ミントグリーンの粘土を0.8cm玉にし、長さ2cmのなみだ形にする。先端にボンドをつけた18番ワイヤー（広幅テープを巻き下ろす）を根元に深く差し込む。めしべの根元のワイヤーは2cmの長さにカットし、ボンドをつける。子房の上中央に刺して接着する。

2 子房が軟らかいうちに、周りに6本のおしべを等間隔にして当て、花糸を押しつけるようにして接着する。根元を半幅のテープでしっかりと巻いて止め、さらに花糸のワイヤーの下まで巻き下ろす。花糸の真ん中ぐらいを持って外側に反らす。

3 めしべの柱頭に茶を塗る。内花弁3枚を子房の周りに当て、根元を半幅テープで巻いて止める。外花弁は花びらの高さを内花弁と合わせて、内花弁の間、間に3枚を添える。根元を半幅テープで2〜3回巻いて止める。

4 根元から5cmぐらい下までを、広幅テープを数回巻いて太くする。小の葉を添え、広幅テープで巻き下ろす。葉のつけ根から12〜13cmぐらい下までテープを数回巻いて太くしておく。茎はペンチの背でこすってツルツルにする。半開花は小ぶりにまとめて、花を閉じる。

5 つぼみも根元から5cmぐらい下までティッシュペーパーと広幅テープを2回巻いて茎を太くする。ペンチの背で茎をこすってツルツルにする。根元から5cmのところに小の葉を添え、広幅テープを巻いて止める。また、ティッシュペーパーと広幅テープを巻いて茎を太くし、ペンチの背でこすってツルツルにする。

＊12ページの作品を参照してつぼみと花を合わせ、残りの葉を添えながら仕上げる。

Winter 作品20ページ

水仙

●材料（1株分）
樹脂粘土…つぼみ・開花・半開花（直径2.5cm玉）、
　副冠（直径1.5cm玉）、苞（直径0.8cm玉）、
　がく・葉（直径4cm弱玉）
造花用ワイヤー…22番　3本（つぼみ・半開花・開花・
　葉の茎）、18番　1本（組み立て用）
造花用テープ…ライトグリーン　半幅
油絵の具…緑・深緑・若草色・グレー系緑・黄色・
　山吹色・こげ茶・白
バラペップ…6本（花しん）

粘土の準備

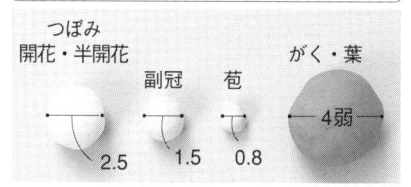

つぼみ・開花・半開花…2.5cm玉の粘土に白を入れて、白を作る。
副冠…1.5cm玉の粘土に黄色を入れて、黄色を作る。
苞…0.8cm玉の粘土にこげ茶を微量入れて、ベージュを作る。
がく・葉…4cm弱玉の粘土に緑と深緑を混ぜて、緑を作る。

1. 開花・半開花・つぼみを作る

＊22番ワイヤーに半幅テープを巻き、4等分にカットする。先端をフックし、4本用意する。
＊花しんのバラペップ6本の粒先に、黄色の絵の具を塗る。
ペップの粒先から1cmに下にボンドをつけ、ボンドの下をカットして2つに分ける（36ページ、桜を参照）。

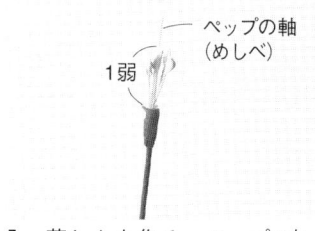

1 花しんを作る。ペップ6本の中央にペップの軸1本を差し込んで、先を0.6〜0.7cm出す。ワイヤーのフックにボンドをつけ、ペップを当てて根元を半幅テープで巻いて止める。2本作る。

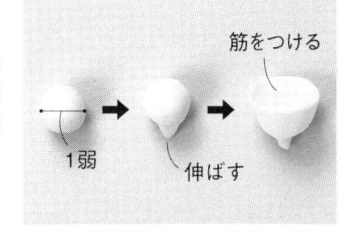

2 副冠を作る。黄色の粘土を1cm弱玉にし、下側をつまんで伸ばす。上部は細工棒で広げ、内側に角棒を転がして筋をつける。

3 角棒の先で縁を内側に向けて押してくぼませる。中に1の花しんを通し、根元にボンドをつけて、花しんのしべが引っ込むようにワイヤーを引き、接着する。2本作り、乾かしておく。

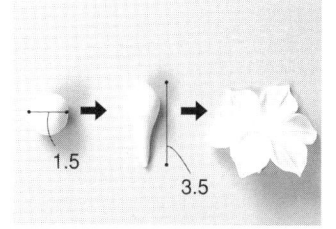

4 開花を作る。白の粘土1.5cm玉を、頭の丸い長さ3.5cmのなみだ形にする。6等分に切り込みを入れ、1片が2cm幅になるように細工棒で伸ばす。花びらの左右から中央に筋を1本寄せるようにつけ（盛り上がるように）、花びらの先はつまんでとがらす。

5 花びらと花びらの間を切り離し、花びらを上・下・上・下と交互にしながら重ねる。中心に副冠を通し、根元にボンドをつけて接着する。

6 小さめの開花は、少し小さく作り、花びらを少し閉じる。

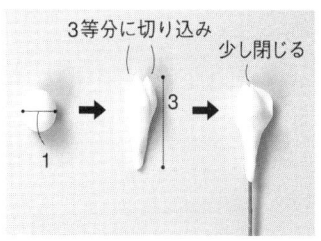

7 半開花を作る。白の粘土を1cm玉にし、頭の丸いなみだ形にする。3等分に切り込みを入れ、細工棒で1片ずつを広げ、少し重ねて閉じる。ワイヤーのフックにボンドをつけ、根元に差し込んで接着する。

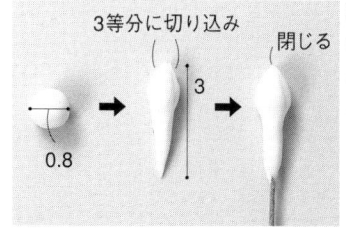

8 つぼみを作る。白の粘土を0.8cm玉にし、頭の丸いなみだ形にする。3等分に切り込みを入れ、つまんで閉じる。根元にワイヤー（フックにボンドをつける）を差し込んで接着する。

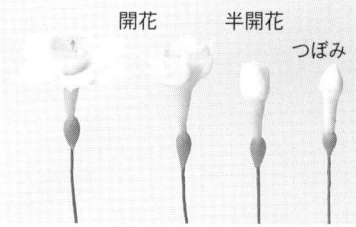

9 がくをつける。緑の粘土を0.5cm玉にし、長さ0.8cmのなみだ形にする。太い方に穴をあけ、開花（半開花・つぼみ）のワイヤーを通して、根元にボンドをつけて接着する。乾かす。

2. 葉を作る

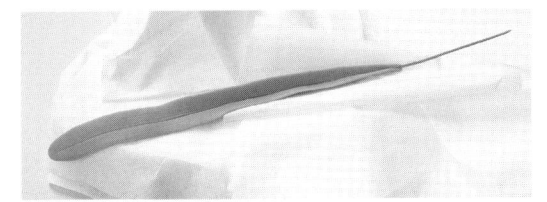

22番ワイヤーに半幅テープを巻き、3等分にカットしたものを5本用意する。緑の粘土を2cm強玉にし、長さ18cm前後のひも状に伸ばし、幅1.5cm前後にプレスする。縁を薄くし、チャコペンシルのブラシで筋をつける。ワイヤーにボンドをつけ、葉の長さの半分ぐらいの位置まで接着する。5枚作って乾燥する。

3. 着色する　＊ラップフィルムの上に使用する絵の具を少し出す。

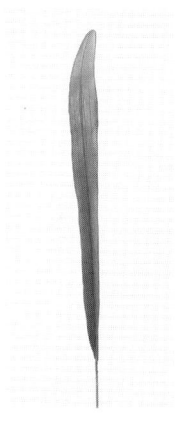

花は白で地塗り。花の奥を緑＋若草色で薄く塗り、花のつけ根を緑で塗る。副冠は黄色で地塗りし、山吹色を部分的に塗る。半開花とつぼみも白で地塗りし、下の方に緑＋グレー系緑、がくに緑＋深緑を塗る。葉は緑＋グレー系緑で地塗りし、深緑で表情をつける。

4. 組み立てる

1 開花・半開花・つぼみはがくの下からテープを巻き下ろす。つぼみを下げて4本を束ねてテープで止め、18番ワイヤー（3分の2にカットし、テープを固く巻き下ろす）の先に添え、テープを巻き下ろす。茎が0.6〜0.7cmの太さになるまでワイヤーにティッシュペーパーとテープを巻く。ペンチの背で茎をこすってツルツルにする。

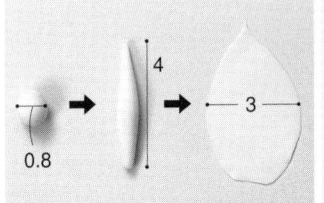

2 苞を作る。ベージュの粘土を0.8cm玉にし、長さ4cmのなみだ形にする。プレスして薄く3cm幅に伸ばし、周りに細工棒を転がしてさらに薄くし、フリルをつける。カットローラーで軽く筋をつけ、下側にボンドをつけて花のつけ根をくるむようにして端を重ね合わせて接着する。苞の先は外側に折る。

3 苞から20cm下に、5枚の葉で茎を囲むように1枚ずつ当ててテープで止める。花を前側に向かせ、葉を少し反らせて形をつける。

Winter ｜ 作品23ページ

節分草

● **材料**（開花7輪、半開花3輪、つぼみ3輪）
樹脂粘土…つぼみのしん・半開花・開花（直径3cm弱玉）、
　葉（直径3cm玉）、つぼみの葉（直径1.5cm玉）
造花用ワイヤー…28番　8本（葉の茎）、　22番　4本（開花・半開花・つぼみの茎）
造花用テープ…ミントグリーン　半幅
油絵の具…緑・深緑・グレー系緑・若草色・黄色・紫・茶・こげ茶・白
極小ペップ…1束（花しん）、バラペップ…1束（花しん）

粘土の準備

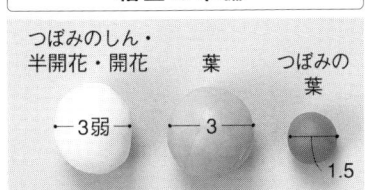

つぼみのしん・半開花・開花	葉	つぼみの葉
3弱	3	1.5

つぼみのしん・半開花・開花…3cm弱玉の粘土に白を少し入れて、白を作る。
葉…3cm玉の粘土に深緑を入れて、薄い緑を作る。
つぼみの葉…1.5cm玉の粘土に紫とこげ茶を少しずつ入れて、紫がかった茶を作る。

1. つぼみを作る

＊22番ワイヤーにテープを巻き下ろし、6等分にカットする。先端をフックして、3本用意する。

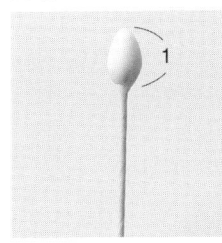

1 ワイヤーのフックにボンドをつけ、白の粘土0.7〜0.8cm玉に差し込み、長さ1cmのなみだ形にする。しんになる。

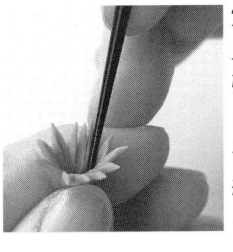

2 紫がかった茶の粘土を0.8cm玉にし、1cm強のなみだ形にする。とがっている方に12等分に切り込みを入れ、細い細工棒で1片ずつを軽く押し広げる。

3 2の葉の中心に1のワイヤーを通し、しんの根元にボンドをつけて接着する。しんにかぶせるように葉を添わせる。茎にテープを2度巻きする。3本作り、乾かす。

2. 開花・半開花を作る

＊22番ワイヤーに半幅テープを巻き下ろし、4等分にカットする。先端をフックし、10本用意する。
＊極小ペップの粒先にチョコレート色（紫＋茶）、バラペップの粒先に黄色を塗り、乾かしておく。

1 極小ペップ30本（おしべ）の粒先から1.5cm下にボンドをつけ、カットする。ワイヤーの先に接着し、中心に色をつけていないペップ3本（めしべ）を0.5cm頭が出るようにして差し込む。

2 バラペップ16本の粒先から1cm下にボンドをつけ、カットする。おしべの周りに接着し、根元をテープで一巻きして止める。花しんになる。

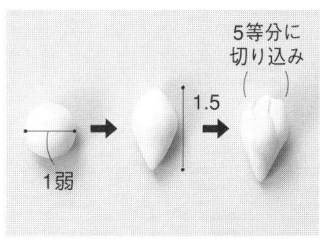

3 開花を作る。白の粘土1cm弱玉を、ころんとした長さ1.5cmのなみだ形にする。深く5等分に切り込みを入れる。

4 細工棒で1片ずつ広げ、花びらの真ん中に丸め棒を転がしてくぼませる。

5 波棒を縁に軽く押しつけて筋をつける。

6 花びらと花びらの間がついていたら、はさみで切り離す。花びらの先をつまんでとがらせる。

7 6の中心に2の花しんを通し、花しんの根元にボンドをつけて接着する。同様にして開花を7輪作る。

8 半開花は開花と同寸法に作り、花びらを重ねて閉じる。3輪作る。

3. 葉を作る

＊28番ワイヤーを4等分にカットする。30本用意する。

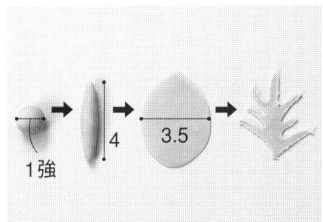

1 グレー系緑の粘土を1cm強玉にし、長さ4cmのひも状にする。プレスして3.5cm幅に伸ばし、型紙の輪郭に沿ってカットする。

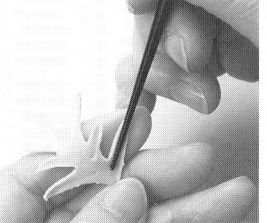

2 葉の1枚1枚と中央に細工棒を押しつけて、少しくぼませる。

3 ワイヤーにボンドをつけて中央に押しつけ、裏からワイヤーをつまんで接着する。30枚作る。

4. 着色し、組み立てる

＊ラップフィルムの上に使用する絵の具を少し出す。

1 花びらを白で地塗りし、花びらの奥と根元に若草色を少し塗る。

2 つぼみは紫＋茶少々を根元に少し塗り、そのまま茎も途中まで軽く塗る。

3 葉はグレー系緑で地塗りし、真ん中あたりに深緑で表情をつける。葉のつけ根に白を塗り、中央部に白を点々と4か所につける。最後に葉のつけ根の白の上に紫＋茶を塗る。

4 花の根元から1〜2cm下まで半幅テープを巻いて太くする。根元から1〜1.5cm下に葉3枚を添えて、半幅テープを巻き下ろす。さらに数回半幅テープを巻いて茎を太くする。茎に紫＋茶少々を塗る。

葉の実物大型紙

Autumn 作品16ページ

すすき

●材料（1枝分）
樹脂粘土…穂（直径3cm玉）、葉（直径3cm玉）
造花用ワイヤー…22番 14本（穂・葉の茎）、
　14番 1本（組み立て用）
造花用テープ…ライトグリーン 半幅・広幅
油絵の具…茶・こげ茶・緑・深緑・若草色・
　グレー系緑・青・白
麻ひも…適宜（穂）

粘土の準備

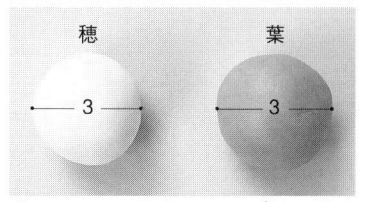

穂…3cm玉の粘土に、こげ茶を微量入れて白に近いベージュを作る。
葉…3cm玉の粘土に、緑と深緑を入れて緑を作る。

1. 穂を作る

＊22番ワイヤーを2等分にカットして、20本用意する。

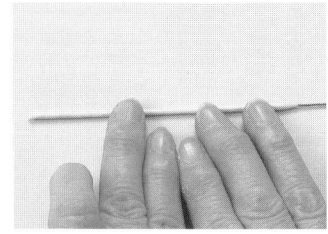

1 白に近いベージュの粘土を0.8cm玉にし、長さ5cmのひも状に伸ばし、中央をくぼませる。22番ワイヤーの13cm丈ぐらいにボンドをつけ、くぼみに接着する。テーブルの上などで転がし長さ12〜13cmまで伸ばす（62ページ、すかし百合を参照）。

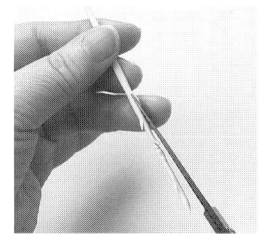

2 1.5cm間隔にV字形に切り込みを入れる。

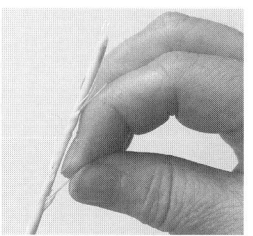

3 麻ひもは2cm丈にカットし、バラバラにしておく。ほぐしたひも3〜4本を束ね、先にボンドをつけて2の切り込みに差し込み、接着する。

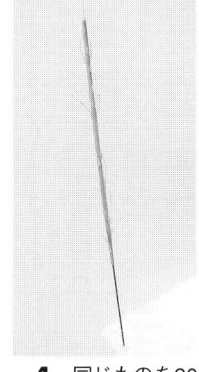

4 同じものを20本作り、乾かす。

2. 葉を作る

＊22番ワイヤーを、小は3等分にして1本、大はそのままの長さで3本用意する。

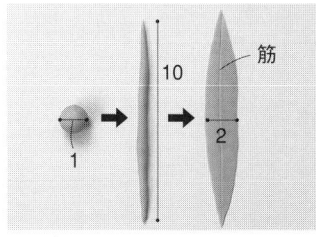

1 小の葉を1枚作る。緑の粘土1cm玉を、長さ10cmのひも状に伸ばす。2cm幅にプレスし、縁を指でこすって薄くする。チャコペンシルのブラシ部分でこすって筋をつけ、中央にカットローラーで1本筋を入れる（70ページ、すずらんを参照）。

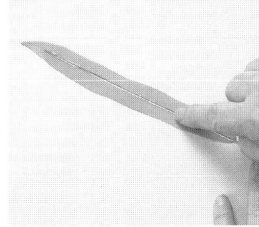

2 ワイヤーの半分ぐらいの丈までボンドをつけ、葉の中央に当てて押し、埋め込むように接着する。さらに裏からつまんでワイヤーを隠す。乾燥させる。

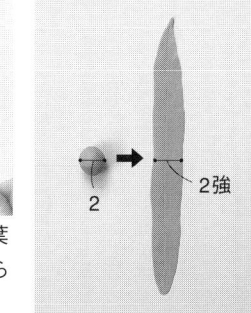

3 大の葉を3枚作る。緑の粘土2cm玉を、長さ20cmのひも状に伸ばす。プレスして2cm幅強にし、縁をこすって薄くする。1〜2の小の葉と同様にして筋をつけ、ワイヤーを接着する。乾燥させる。

3. 着色する

＊ラップフィルムの上に、緑・深緑・若草色・グレー系緑・青・茶・こげ茶・白の絵の具を少し出す。

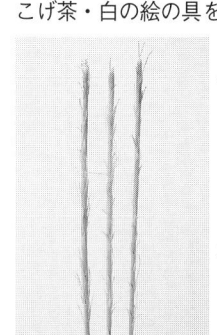

1 穂に着色する。白＋茶＋こげ茶で白に近いベージュを作り、地塗りする。次に上の方は茶＋こげ茶で薄く塗り、表情をつけ、下の方に若草色を軽く塗る。

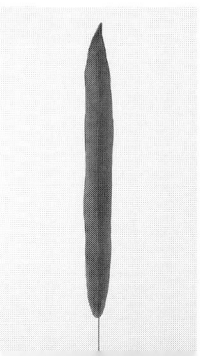

2 葉に着色する。緑＋グレー系緑で地塗りをする。裏は軽く塗る。深緑＋青少々を表側のところどころに塗り、表情をつける。こげ茶を縁に塗ってハイライトをつける。

4. 組み立てる

1 14番ワイヤーに半幅テープを巻き下ろす。穂を3本束ねてワイヤーの先に当て、半幅テープで巻いて止める。1cm下げて穂3本でワイヤーの周りを囲み、半幅テープを巻いて止める。続けて1cmずつ下げながらワイヤーの周りを穂で囲み、20本までつける。茎は広幅テープを何回も巻いて太くする。

2 1の穂の5cm下に小の葉を当て、広幅テープを巻き下ろす。葉から13〜14cm下までティッシュペーパーと広幅テープを巻いて太くする。太くしたあたりに大の葉3枚を少しずつ下げながら1枚ずつ添え、広幅テープを巻いて止める。茎が細い場合は、またティッシュペーパーと広幅テープを巻いて太くする。

[Autumn]　作品19ページ

みせばや

●材料（2枝分）
樹脂粘土…花しん・花（直径1.5cm玉）、
　つぼみ・葉（直径4cm弱玉）
造花用ワイヤー…28番ワイヤー　6本（つぼみ・花の茎）、
　26番　3本（葉の茎）、18番　2本（組み立て用）
造花用テープ…ライトグリーン　半幅　広幅
油絵の具…緑・深緑・グレー系緑・紫・ピンク・
　ぼたん色・茶・白
極小ペップ…40本

粘土の準備

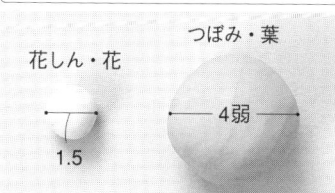

花しん・花…1.5cm玉の粘土にピンクを入れて、ピンクを作る。
つぼみ・葉…4cm弱玉の粘土に緑とグレー系緑を入れて、淡い緑を作る。

1. 花・つぼみを作る

＊28番ワイヤーを6等分にカットし、先端をフックする。花しんに15本、つぼみに17〜18本用意する。

1 花しんを作る。ピンクの粘土0.4cm玉を、ころっとしたなみだ形にする。ワイヤーのフックにボンドをつけて根元に差し込み、上部に浅く5等分に切り込みを入れる。

2 極小ペップは粒先にピンクの絵の具を塗り、1cm弱の長さにカットする。1の花しんの周りにボンドをつけ、ペップ5本を1本ずつ周りに接着する。

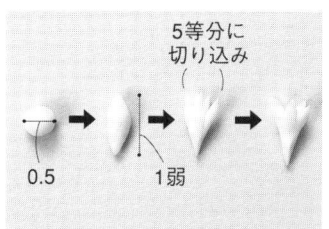

3 花を作る。ピンクの粘土0.5cm玉を、長さ1cm弱のなみだ形にする。上部に5等分に切り込みを入れ、細い細工棒で1片ずつ広げる。

4 花の上から2の花しんのワイヤーを通す。花しんの根元にボンドをつけて、接着する。開き加減と閉じ加減の花を合わせて15輪作り、乾かす。

5 つぼみを作る。淡い緑の粘土を0.4〜0.5cm玉にし、長さ0.6cmのなみだ形にする。ワイヤーのフックにボンドをつけ、根元に差し込んで接着する。17〜18本作り、乾かす。

2. 葉を作る

＊26番ワイヤーを6等分にカットし、半幅テープを巻く。18本用意する。

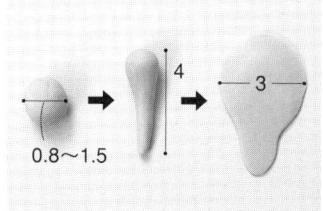

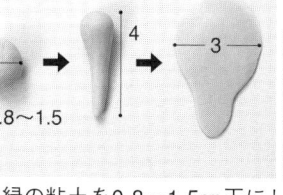

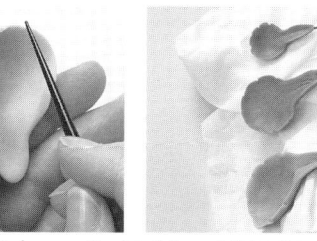

1 緑の粘土を0.8〜1.5cm玉にし、頭の丸い細長いなみだ形にする。プレスして3cm幅に伸ばし、縁を指でこすって薄くする。縁に細工棒を8か所ぐらい押し当ててくぼませる。

2 ワイヤーの先にボンドをつけて葉の中央に当て、葉の両側をつまんで持ち上げる。葉のつけ根は下に曲げる。葉は小中大を混ぜ18枚作る。大きい葉はワイヤーのつけ根を曲げて乾かす。

3. 着色し、組み立てる

花はピンク+白で地塗り。ピンクで表情をつけ、中心を濃いめにしてぼたん色を塗る。つぼみはグレー系緑+緑で塗る。葉はグレー系緑+緑で地塗りし、ところどころに深緑を塗る。縁に白を塗ってから、紫+茶でハイライトをつける。花・つぼみは3〜4束に束ねてから18番のワイヤーの先につける。葉は小さい順にらせん状につけ、下を向くようにする。2枝作る。

Spring 作品11ページ

すずらん

●材料（3本分）
樹脂粘土…花しん・つぼみ・開花（直径2.5cm玉）、
葉・巻き葉（直径4.5cm玉）
造花用ワイヤー…26番　5本（つぼみ・花の茎）、
20番　4本（葉の茎・組み立て用の茎）
造花用テープ…ライトグリーン　半幅
油絵の具…白・緑・深緑・若草色・青

粘土の準備

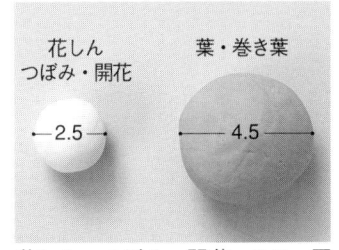

花しん・つぼみ・開花…2.5cm玉の粘土に白を少し入れて、白を作る。
葉・巻き葉…4.5cm玉の粘土に緑と深緑を同量入れて、緑を作る。

1. 花しん・つぼみ・開花を作る

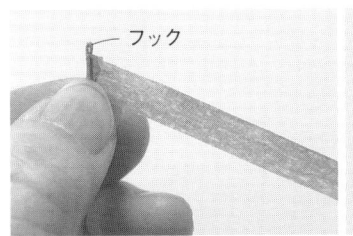

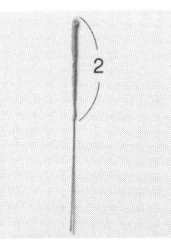

1 26番ワイヤーを6等分にカットし、先端をフックする。フックの際から2cm下までテープを巻き下ろす。26本作る。

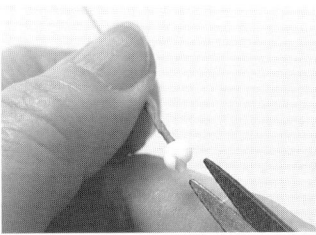

2 花しんを作る。白の粘土を0.3cm玉にし、1のワイヤーのフック（ボンドをつける）に差し込む。4つに切り込みを入れ、指でつまんで閉じる。乾かしておく。20本作る。

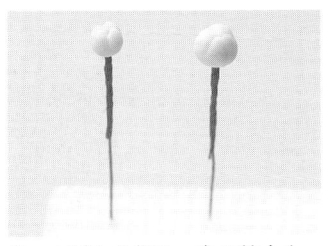

3 つぼみを作る。白の粘土を0.5〜0.7cm玉にし、ワイヤーのフック（ボンドをつける）に差し込む。4つに切り込みを入れ、そのまま閉じる。大小2種類を3本ずつ作る。

4 開花を作る。白の粘土を0.7〜0.8cm玉にし、上に6等分に切り込みを入れる。

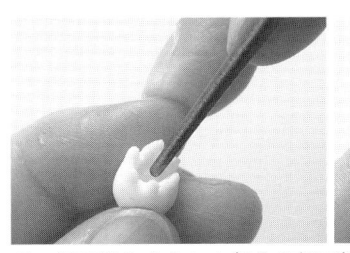

5 切り込みを入れた部分を細工棒で起こす。上部を広げないようにしながら、細工棒を回して中を空洞にし、さらに細工棒の太い方で中を整える。ぷっくりとした感じに仕上げる。

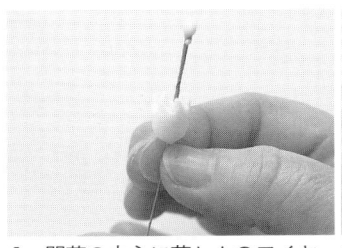

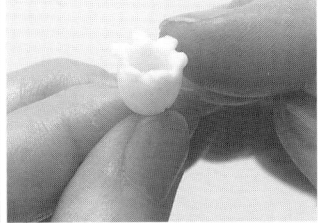

6 開花の中心に花しんのワイヤーを通し、花しんの根元にボンドをつけて接着する。開花の6つの花弁を外側に少し反らす。

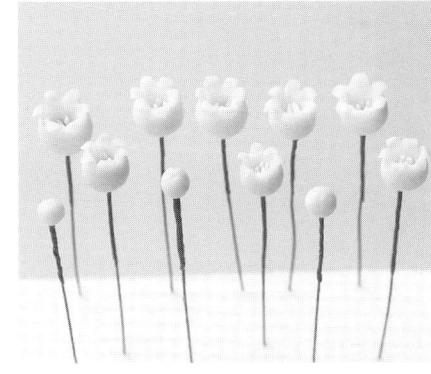

7 4〜6の要領で開花を20本作り、スタイロフォームにさして乾かす。
＊1枝につぼみと花を合わせて7〜10輪つける。

2. 葉を作る

＊20番ワイヤーに半幅テープを巻き、中・大の葉用は、3等分にカットし、6本用意する。巻き葉用は4等分にカットし、先端をフックして、3本用意する。

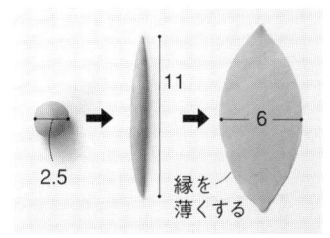

1 大の葉を作る。緑の粘土2.5cm玉を、長さ11cmの両方とがったひも状にする。6cm幅にプレスし、縁をこすって薄くする。

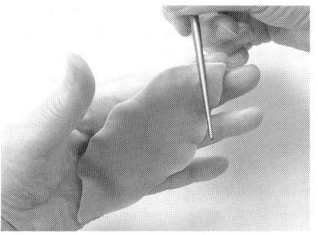

2 1の裏を出し、周りに細工棒を転がして軽くフリルをつける。

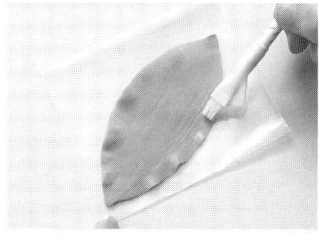

3 表側を出し、チャコペンシルのブラシ部分で一方向にこすって筋を全体につける。

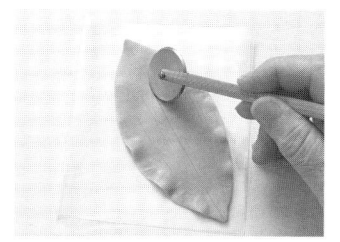

4 中央にカットローラーで筋を1本つける。

5 20番ワイヤーの先から3分の1ぐらいまでにボンドをつけ、葉の中央3分の1ぐらいに当てる。裏からワイヤーをつまんで接着する。大の葉の出来上がり。3枚作る。中の葉は寸法を小さくして同様に3枚作る。

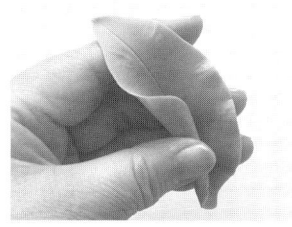

6 巻き葉を作る。緑の粘土2cm玉を、長さ7～8cmのひも状に伸ばす。4～5cm幅にプレスして縁をこすって薄くする。2～4と同様にしてフリルと筋をつける。両端を中央に向かってくるっと巻く。

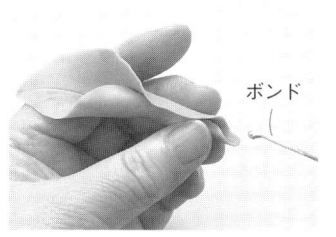

7 20番ワイヤーのフックにボンドをつけ、葉の根元側から2～3cmぐらい差し込んで接着する。3枚作る。

8 スタイロフォームにティッシュペーパーをふんわりと敷き、葉をのせて乾燥させる。

3. 着色する

＊ラップフィルムの上に白・緑・若草色・青の絵の具を少し出す。

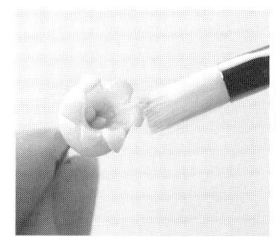

1 開花とつぼみを白で地塗りする。開花の花しん部分は若草色を薄く塗る。開花とつぼみの根元を若草色でうっすらと下から上に向かって塗る。

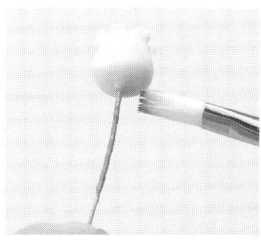

2 さらに開花とつぼみの根元に緑を少し塗り、表情をつける。

3 葉・巻き葉は緑で全体に地塗りし、裏全体も塗る。青＋緑で葉の中央から下側を塗り、裏も軽く塗る。中央の葉脈に沿って白線を薄く入れる。

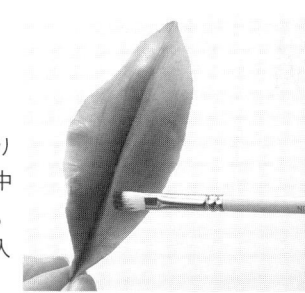

4. 組み立てる

1 小のつぼみの根元からテープを巻き下ろし、1.5cm下に大のつぼみの茎を1cm見せて添え、テープを1.5cm巻き下ろす。次に開花の首を曲げて茎を1cm見せて添え、テープを巻き下ろす。3つぐらいテープだけで巻いて止めたら、20番ワイヤー（3等分したもの）を添えてテープを巻く。このワイヤーに開花を2～5輪止め、テープを巻き下ろす。テープはきっちりと巻き、上の茎が太くならないようにする。

2 中の葉と巻き葉を抱き合わせにして合わせ、根元をテープで巻く。1の花の茎に添え、テープを巻き下ろす。大の葉を少し下げて、向かい合わせに当て、テープを巻き下ろす。もう一度テープを巻き下ろす。出来上がり。

Spring 作品10ページ

アネモネ

●材料（花2本分）
樹脂粘土…花びら（直径5cm玉）、
　花しん（直径2cm玉）、葉（直径4cm玉）
造花用ワイヤー…22番　2本（葉の茎）、
　16番　2本（花の茎）
造花用テープ…ライトグリーン　半幅・広幅
油絵の具…緑・深緑・青・紫・黒・白
バラペップ…1束（花しん）

粘土の準備

花びら…5cm玉の粘土に紫と青少々を入れて、青紫を作る。
花しん…2cm玉の粘土に黒を少し入れて、黒を作る。
葉…4cm玉の粘土に緑と深緑を入れて、淡い緑を作る。

1. 花しんを作る

*作り方は、1本分で説明しています。
*16番ワイヤーに広幅テープを巻き下ろし、先端をフックする。

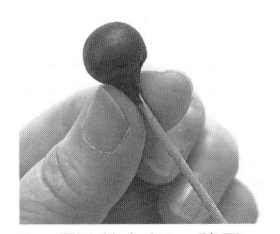

1 黒の粘土を1cm強玉に丸め、ワイヤーのフックにボンドをつけて差し込む。根元の粘土を指で伸ばして、ワイヤーになじませる。

2 花しんの真ん中あたりから、はさみの先でV字形に切り込みを入れる。小刻みに全体に切り込みをランダムに入れる。乾燥させる。

3 バラペップ1束を2つに分ける（1本に2分の1束使用する）。茎の部分に紫、粒先に黒の油絵の具を塗る。両方の粒先から2cm下にボンドをつける。

4 半乾きになったら粒先から2cmのところをカットする。ペップの根元にボンドをつけ、花しんをはさむようにして2つのペップを根元に接着する。

5 しべの根元からティッシュペーパーを斜めにぐるぐると7～8cm下まで巻き下ろし、上から広幅テープを2度巻きする。この表面をペンチの背でこすってツルツルにする。花しんの出来上がり。

2. 花びらを作り、組み立てる

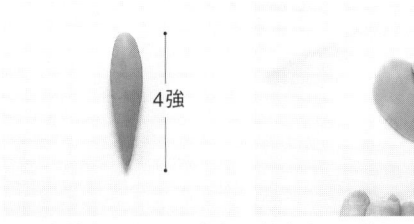

1 内花弁を作る。青紫の粘土を1cm強玉にし、長さ4cm強のなみだ形にする。プレスして2.5cm幅に伸ばし、縁を指でこすって薄くする。

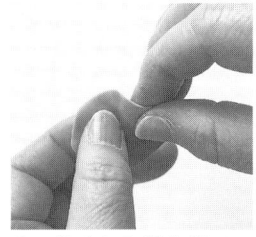

2 薄くした縁を指でひねってフリルをつける。

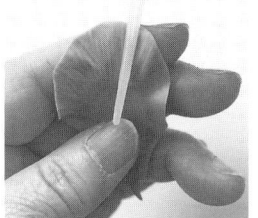

3 フリルをつけた位置に波棒を押しつけながら左右に転がし、筋をつける。

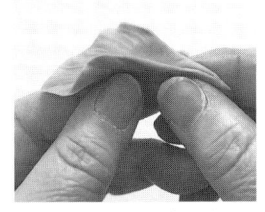

4 花弁の後ろ側から中央をつまむ。

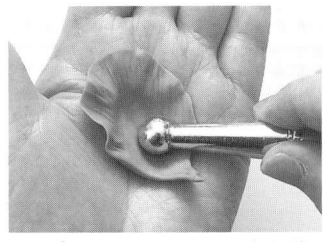

5 手のひらにのせ、つまんだ中央を指で押してつぶす。さらに、丸め棒をつけ根から上に向かって転がして丸みをつける。

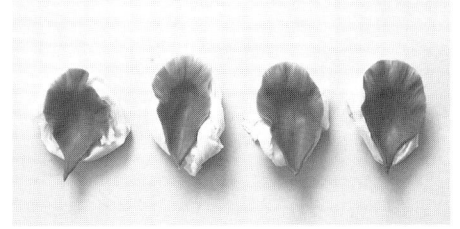

6 同様にして4枚作り、ティッシュペーパーの台にのせる。

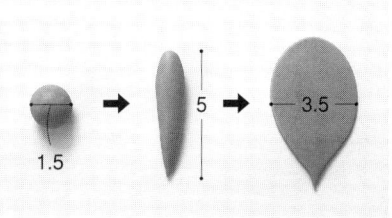

7 外花弁を作る。青紫の粘土を1.5cm玉にし、長さ5cmのなみだ形にする。プレスして3.5cm幅に伸ばし、2～6を参照して作る。8枚作る。

8 半乾きになったら、12枚の花びらの根元にボンドをつける。花しんの周りに4枚の内花弁を当て、花しんの根元を隠すように接着する。次に、内花弁の間、間に外花弁4枚を接着する。

9 残りの外花弁4枚は、**8**で接着した外花弁の間、間に当てて接着する。受け皿（30ページ参照）の中心に茎をさして花の根元を当てる。花びらの形を整え、花びんなどにさして乾かす。

3. 葉を作る

＊22番ワイヤーに半幅テープを巻き、4等分にカットする。1枝に3本用意する。

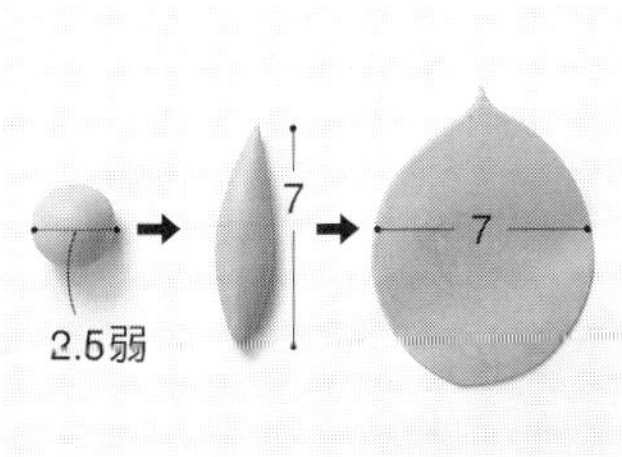

1 淡い緑の粘土を2.5cm弱玉にし、長さ7cmのなみだ形にする。プレスして7cm幅に伸ばし、さらに、葉の型紙が入る大きさまで指で縁をこすって薄く伸ばす。

2 **1**に型紙をのせ、竹ぐしで輪郭をなぞりながらカットする。イチゴの葉型に当て、指で押して葉脈を写す。

3 葉の裏を出し、縁に細工棒を転がしながら薄くする。ワイヤーの3分の1ぐらいにボンドをつけ、中央の葉脈に押しつける。裏からワイヤーをつまんで接着する。3枚作り、1日置いて乾燥させる。

4. 着色し、組み立てる

＊ラップフィルムの上に使用する絵の具を少し出す。

1 紫＋青を少量混ぜて、花弁の表側に地塗りする。ただし、花弁の奥は塗り残す。裏側は軽く塗る。同じ筆に青をつけ、花弁の縁とひだの奥に軽く塗り、表情をつける。

2 花弁の奥を白でぼかし塗りする。

3 白で花弁の根元を下から上に向けて塗る。次に、紫＋緑で茶を作り、茎から花弁の根元に重ね塗りをする。

4 最後に黒で花しんとペップの粒先を塗る。

5 緑で地塗りし、裏側は軽く塗る。深緑で縁や中央を軽く塗って表情をつけ、白で葉のつけ根側にぼかし塗りする。次に中央の葉脈に白線を引き、葉のつけ根には紫を軽く塗る。

6 組み立てる。花の根元から5〜7cm下に葉を1枚当て、半幅テープで2cmほど巻き下ろす。残りの2枚の葉も1枚ずつ当ててテープで巻き下ろす。茎にティッシュペーパーを巻き、上に広幅テープを3回巻き下ろし、太くする。ペンチの背で茎をこすってツルツルにする。同様にしてもう1本作る。

葉の実物大型紙

Accessory　作品27ページ

カメリアの
ネックレス＆
イヤリング

●材料
透明樹脂粘土…開花・つぼみ（直径3cm弱玉）、
葉（直径3cm弱玉）
油絵の具…深緑
ネックレス台…1個、イヤリング台…1組
オーロラペップ…2分の1束（ブローチの
　　　　　　　　花しん）、10本（イヤリングの花しん）
手芸用パールビーズ…直径0.8cm　4個
シルバーグリッター

粘土の準備
開花・つぼみ　　葉
-3弱-　　　　-3弱-

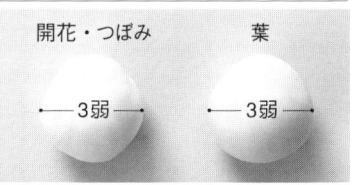

開花・つぼみ…3cm弱玉の粘土をそのまま使用する（無地）。
葉…3cm弱玉の粘土に深緑を微量入れて、白に近い緑を作る。

ネックレスを作る

1. 花しんを作る

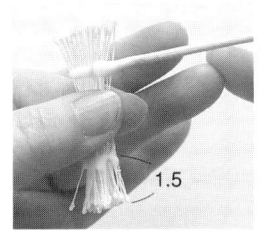

1 ペップ2分の1束の両方の粒先から1.5cm下にボンドを表・裏側につける。

2 半乾きになったらボンドの下をカットして、2つに分ける（開花2輪分）。

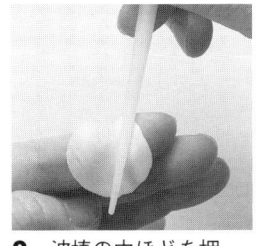

2 波棒の中ほどを押しつけて左右に転がし、筋をつける。

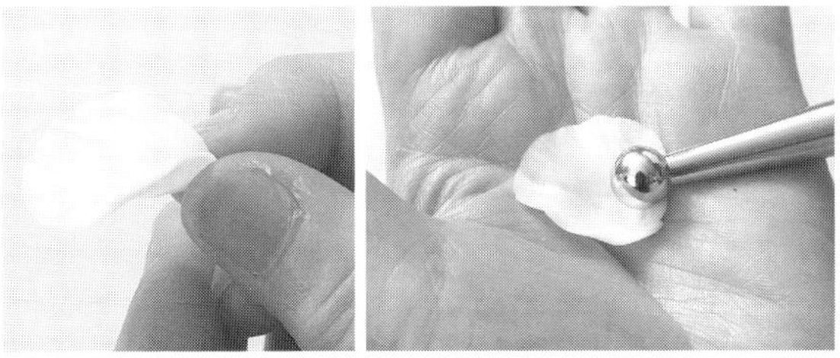

3 花弁の半分ぐらいを裏からつまむ。手のひらの上にのせ、つまんだところに丸め棒を転がして、丸みをつける。

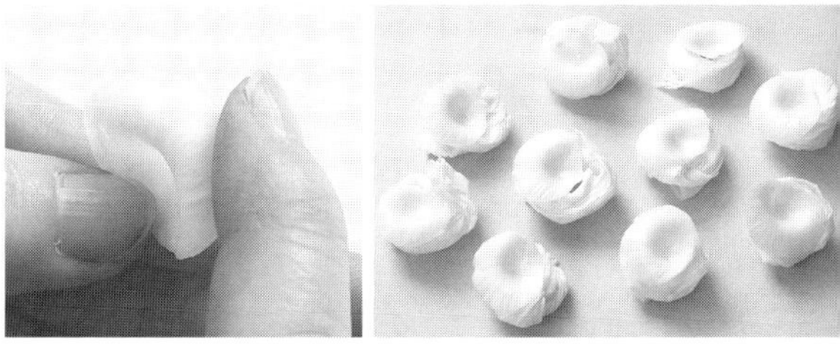

2. 花弁・つぼみを作る

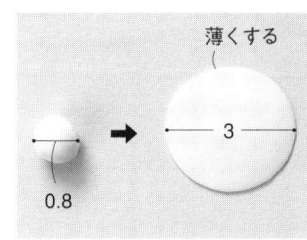

1 花弁を作る。無地の粘土を0.8cm玉にし、直径3cmに薄く伸ばす。上側の縁を指でこすって薄くする。

4 花弁の上側を指で外側に反らす。同様にして10枚作り、半乾きになるまでおく。

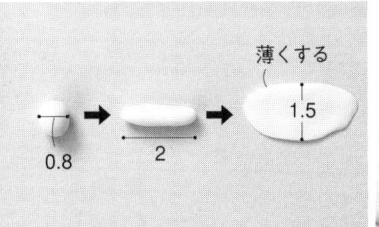

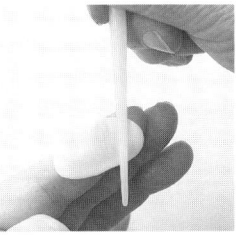

5 つぼみを作る。無地の粘土を0.8cm玉にし、長さ2cmの棒状にする。プレスして1.5cm幅に伸ばし、上側を指でこすって薄くする。上側に波棒で筋をつけながら、ウエーブをつける。

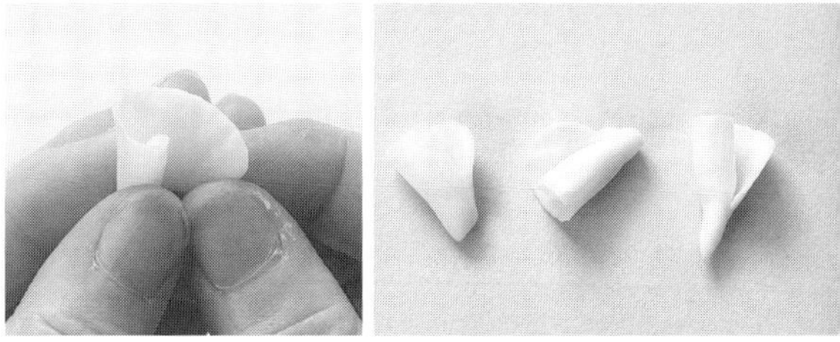

6 裏に返す。上が広く、つけ根側をすぼめるようにして左端からぐるぐると巻く。3個作り、乾かす。

3. 花を組み立てる

花弁のつけ根にボンドをつけ、花しんに接着する。2枚目の花弁は1枚目に少し重ねて接着し、3枚目は2枚の花弁の間に接着する。残りの2枚は下側に接着する。同じ花をもう1個作る。

4. ネックレスに仕上げる

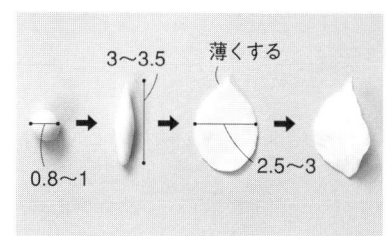

1 葉を作る。白に近い緑の粘土を0.8～1cm玉にし、長さ3～3.5cmのなみだ形にする。プレスして2.5～3cmに伸ばし、上側を指でこすって薄くする。波棒で葉脈のような筋をつけ、真ん中にはさみで筋を入れる。裏からつまんで2つに折る。8枚作る。

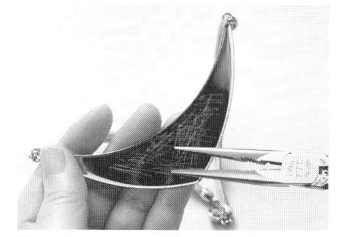

2 ネックレス台のくぼんでいる部分に、ペンチで傷をつける。

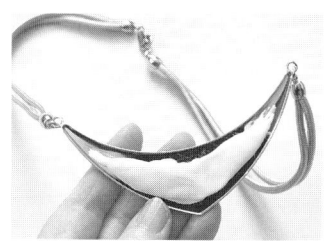

3 白に近い緑の粘土を三日月形にして、ネックレス台にボンドで接着する。

4 乾かさないまま、葉の裏の下にボンドをつけ、小さめの葉を両端に接着してから、中央に大きめの葉を接着する。

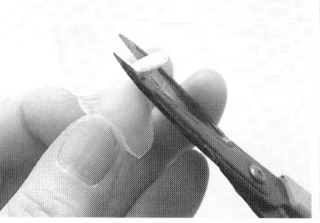

5 花の後ろ側をカットして、平らにする。後ろ側にボンドをつけ、葉の上に接着する。2つの花が少し斜めになるように配置する。つぼみ3個も花の周りに接着する。

6 土台にボンドをつけ、パールビーズ4個を接着する。乾燥させる。

7 乾くと粘土が透明になる。シルバーグリッターを葉は縁に、花弁はところどころにつける。出来上がり。

イヤリングを作る

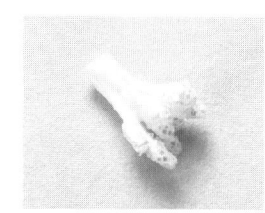

1 ペップ10本をボンドで接着し、2つに分ける（ネックレスの花しんを参照）。

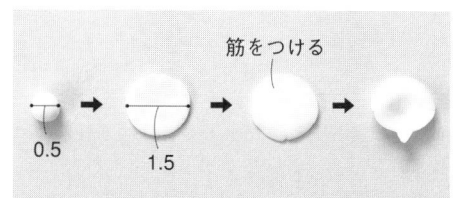

2 花弁を作る。無地の粘土を0.5cm玉にし、プレスして直径1.5cmに伸ばす。ネックレスと同じ要領で10枚作り、半乾きにする。

3 花しんの周りに5枚の花弁を接着する。

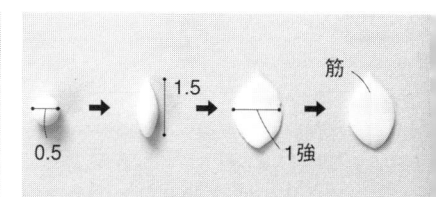

4 葉は、白に近い緑の粘土を0.5cm玉にし、長さ1.5cmのなみだ形にする。プレスして1cm強に伸ばし、中央に筋を入れる。4枚作る。

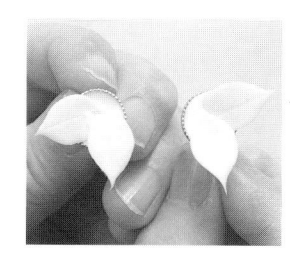

5 イヤリング台にペンチで傷をつけ、ボンドをたっぷりとつける。葉（乾かさない）を縦・横に1枚ずつ、2つの台に左右対称につける。

6 花の後ろ側を平らにカットし、ボンドをつけて5の上に接着する。粘土が乾いたらグリッターをつける。

Accessory 作品27ページ

バラの花かごのブローチ＆イヤリング

●材料
透明樹脂粘土…花しん・つぼみ・開花（直径2.5cm玉）、
　ねこじゃらし（直径1.5cm玉）、葉（直径2cm玉）
造花用ワイヤー…26番　2本（葉の茎）、
　24番　1本（つぼみ・開花の茎）
油絵の具…緑・深緑・若草色・白
アクリル絵の具…ゴールド
テグス…25cm（ねこじゃらしの茎）
ブローチ台……1個、イヤリング台……1組

＊透明樹脂粘土は絵の具を練り込むときに、絵の具の色を濃くしないようにするのがポイント。

粘土の準備

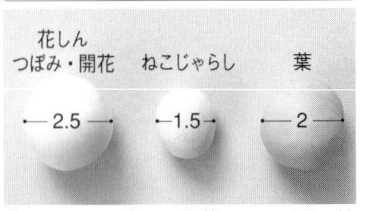

花しん つぼみ・開花	ねこじゃらし	葉
←2.5→	←1.5→	←2→

花しん・つぼみ・開花…2.5cm玉の粘土に白を微量入れて、白を作る。
ねこじゃらし…1.5cm玉の粘土に緑を微量入れて、白に近い緑を作る。
葉…2cm玉の粘土に深緑を微量入れて、淡い緑を作る。

ブローチを作る

1. 開花・つぼみを作る
＊24番ワイヤーを長さ4cmに2本カットし、先端をフックする。

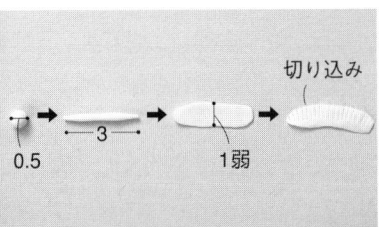

1 開花の花しんを作る。白の粘土を0.5cm玉にし、長さ3cmのひも状にする。プレスして1cm弱幅に伸ばし、上側を指でこすって薄くする。0.2cm間隔で半分強の長さに切り込みを入れる。

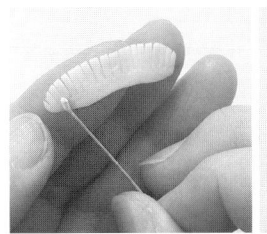

2 ワイヤーのフックにボンドをつけ、**1**の左端に当てる。ワイヤーをしんにしてぐるぐると巻く。乾燥させる。

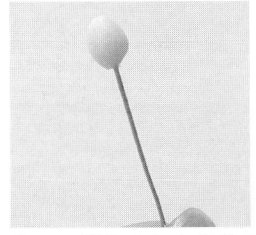

3 つぼみのしんを作る。白の粘土を0.5cm玉にし、ワイヤーのフックにボンドをつけて差し込む。根元の粘土をつまんでワイヤーになじませる。乾燥させる。

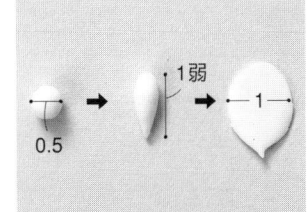

4 内花弁を作る。白の粘土を0.5cm玉にし、長さ1cm弱のなみだ形にする。プレスして1cm幅に伸ばす。

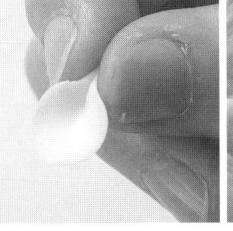

5 裏から根元をつまんで2つに折る。手のひらにのせて、丸め棒（細）を転がして丸みをつけ、花弁の先を外側からつまんでとがらせる。3枚作り、半乾きにする。

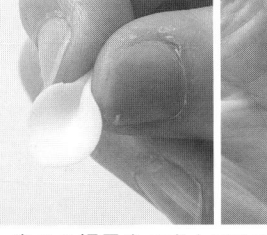

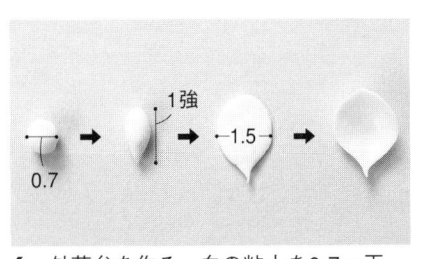

6 外花弁を作る。白の粘土を0.7cm玉にし、長さ1cm強のなみだ形にする。プレスして1.5cm幅に伸ばす。**5**を参照して形をつける。3枚作り、半乾きにする。

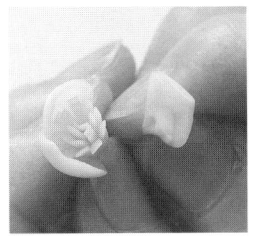

7 組み立てる。花弁6枚の根元にボンドをつける。花しんを囲むように内花弁3枚を接着する。

8 内花弁の間、間に外花弁3枚を接着する。乾燥させる。

9 つぼみを作る。開花の内花弁より少し小さめに花弁3枚を作る。花弁の根元にボンドをつけ、**3**のしんをくるむように接着する。乾燥させる。

2. ねこじゃらしを作る　*テグスを長さ4cmに6本用意する。

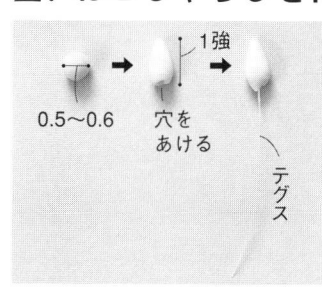

1 白に近い緑の粘土を0.5～0.6cm玉にし、長さ1cm強のなみだ形にする。根元にようじで深めに穴をあける。テグスの先にボンドをつけ、穴に差し込む。根元の粘土を伸ばして形を整える。

2 先端を下に向けて持ち、はさみの先でV字に切り込みを根元側から先まで入れる。6本作り、乾かす。

3. 葉を作る　*26番ワイヤーを長さ3cmに11本用意する。

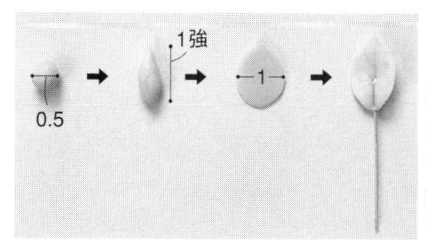

1 バラの葉を作る。淡い緑の粘土を0.5cm玉にし、長さ1cm強のなみだ形にする。プレスして1cm幅に伸ばし、中央と左右に筋を入れる。ワイヤーの先にボンドをつけ、中央に押し当て、裏からワイヤーをつまんで接着する。5枚作り、乾かす。

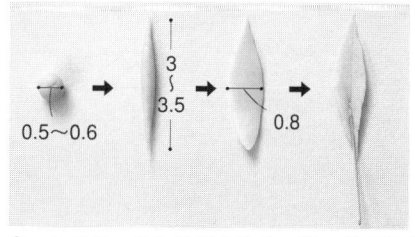

2 ねこじゃらしの葉を作る。淡い緑の粘土を0.5～0.6cm玉にし、長さ3～3.5cmの両方とがったなみだ形にする。プレスして0.8cm幅に伸ばし、中央に筋をつける。ワイヤーの先にボンドをつけ、筋に沿って押し当て、裏からワイヤーをつまんで接着する。6枚作り、乾かす。

4. 組み立てる

* 花や葉のワイヤーは好みの長さにカットしながら、ワイヤーにボンドをつけ、粘土にさして仕上げていく。

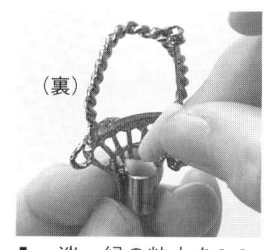

1 淡い緑の粘土を0.8cm玉にし、筒状にする。ブローチ台の裏側の穴のあいているところにボンドをつけ、筒状の粘土を入れ込み、接着する。

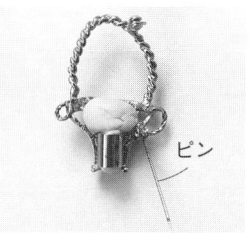

2 淡い緑の粘土を1cm強玉にし、ブローチ台の裏にボンドで接着する。このとき、ピンにかからないように気をつける。

3 かごの持ち手の中に開花とつぼみを配置する。開花のワイヤーをカットし、ボンドをつけて裏側の粘土にさして接着する。つぼみも同様にし、斜め上に接着する。

4 バラの葉5枚を周りに接着する。

5 ねこじゃらしの葉6枚を周りに接着する。

6 ねこじゃらしは、粘土にようじで穴をあけてから、テグスにボンドをつけて差し込む。

7 淡い緑の粘土をひも状にし、ボンドをつけて後ろ側に接着して各パーツを固定する。乾燥させる。

8 着色する。若草色の絵の具を花しんと花とつぼみの根元側に軽く塗る。葉の縁とねこじゃらしにゴールドを部分的に塗る。出来上がり。

●イヤリングの作り方ポイント

バラの葉2枚、開花1輪を、イヤリング台に葉、開花の順に接着する。左右対称にもう1つ作る。

終わりに

本書は著者にとりましても、夢のようにすばらしい仕上がりで、
心から愛着のわく1冊となりました。
スタッフのみなさま全員が、「読者のみなさまにきっと喜ばれる本に！」
と愛情を込めて、チームワークも万全に作ってくださいました結果です。
おしゃれ工房編集部の中野妙子様をチーフに、編集協力の奥田千香美様、
カメラマンの落合里美様、対馬一次様、スタイリストの井上輝美様、
ブックデザイナーの須藤愛美様に、心よりの感謝をささげます。

川口紀子 かわぐち・のりこ

東京生まれ。夫の海外赴任に伴い、クアラルンプール、シンガポール、ロンドンなどに在住し、ハンディクラフトを研究。1983年にアート・クラフト"ブルームN"を創立する。国内外での作品展や講習会で活躍中。著書に『焼かずにできる 花と人形の粘土工芸』『細工がしやすく、焼かずにできる花のポエム粘土工芸』『粘土でつくるかわいい猫・ねこ・ネコ』『樹脂粘土でつくる 野に咲く小さな花』（すべて小社刊）ほか。おしゃれ工房講師、NHK文化センター講師。

●教室・お問い合せ先
〒151-0053
東京都渋谷区代々木2-23-1-1156
TEL　03-3370-9380
〒359-1111
埼玉県所沢市緑町1-20-1-803
TEL/FAX　04-2924-5966

ブックデザイン／須藤愛美（ジャムプランニング）
撮影／落合里美（カバー、作品）
　　　対馬一次（作り方）
スタイリング／井上輝美
作り方解説／奥田千香美
トレース（p.73）／day studio（ダイラクサトミ）
校正／山内寛子
編集／中野妙子（NHK出版）

NHKおしゃれ工房
樹脂粘土クラフト
暮らしを彩る季節の花

2008（平成20）年3月25日　第1刷発行
2017（平成29）年7月15日　第5刷発行

著　者　川口紀子
　　　　©2008　Noriko Kawaguchi
発行者　森永公紀
発行所　NHK出版
　　　　〒150-8081　東京都渋谷区宇田川町41-1
　　　　TEL　0570-002-047（編集）
　　　　　　　0570-000-321（注文）
　　　　http://www.nhk-book.co.jp
　　　　振替　00110-1-49701
印刷・製本　凸版印刷

ISBN　978-4-14-031156-1 C2072
Printed in Japan
乱丁・落丁本はお取り替えいたします。定価はカバーに表示してあります。
本書の無断複写（コピー）は、著作権法上の例外を除き、著作権侵害となります。